AF462727

LETTRE
ADRESSÉE A L'AUTEUR
DE LA
NOUVELLE RELATION
DE CE QUI S'EST PASSÉ
DANS LES ASSEMBLÉES
DE SORBONNE,

Au sujet de l'enregistrement de la Bulle UNIGENITUS.

A PARIS,
Chez J. B. DELESPINE, Imprimeur & Libraire ordinaire du Roy, ruë S. Jacques, à S. Paul.

M. DCC. XVI.

LETTRE

ADRESSÉE À L'AUTEUR de la nouvelle Relation de ce qui s'est passé dans les Assemblées de Sorbonne, au sujet de l'Enregistrement de la Bulle Unigenitus.

MONSIEUR,

Je ne prens aucune part aux Relations qui ont été faites des Assemblées de la Faculté de Theologie de Paris, tenuës au mois de

Mars 1714. au sujet de la Bulle *Unigenitus*. Je ne veux point non plus entrer dans ce qui regarde la conduite des Prélats qui ont accepté la Bulle en y joignant l'Instruction Pastorale, ou qui ont jugé à propos de proposer au Pape des difficultez, & de lui demander des éclaircissemens avant que de déliberer sur l'acceptation. Je me renfermerai uniquement dans les faits qui concernent nôtre Faculté; je dis nôtre Faculté, car je crois que vous étes Docteur en Theologie de la Faculté de Paris; vous le déclarez ouvertement, & je vous avoüerai que je le suis aussi. Nous avons tous deux le même interest d'en conserver l'honneur, & de ne rien dire ni contre le corps, ni contre les particuliers qui puisse les deshonorer. Si vous n'avez pas gardé exactement cette regle cela ne m'empêchera pas de l'observer inviolablement. Je pourrois relever pluſieurs éloges outrez que vous donnez à certains Docteurs, & la maniere mépriſante dont vous parlez d'autres Docteurs. Mais mettons, je vous prie, à part ces faits perſonnels; & que la cauſe de la verité ne nous engage point à donner atteinte à la réputation de perſonne. Elle n'a beſoin ni du menſonge, ni de la calomnie, ni de la médiſance pour ſe ſoûtenir. Ce n'eſt point par la qualité des perſonnes que l'on en doit juger, mais par la choſe même.

Vous commencez, Monſieur, par avancer, p. 11. que la *Faculté ſçait recevoir avec ſoumiſſion & reſpect les déciſions dogmatiques faites par l'autorité ſuperieure du Pape.* Quelque reſpect que la Faculté aït toûjours eu pour les déciſions des Papes, ne ſçavez-vous pas en combien d'occaſions elle a été obligée de s'y oppoſer. Si vous l'ignorez, vous n'avez qu'à conſulter nos

Registres, & même les monumens publics. Vous y verrez, que dans le XIII. siecle l'Université & la Faculté de Theologie de Paris refuserent d'obéir à la Bulle d'Innocent IV. donnée pour le rétablissement des Dominicains dans l'Université; que le Pape ayant nommé des Commissaires pour faire executer sa Bulle, qui en consequence suspendirent tous les membres de l'Université, on n'eut aucun égard à leur Sentence; & que l'on écrivit au nom de l'Université des Lettres circulaires à tous les Evêques pour leur demander du secours : qu'Innocent fut obligé, pour appaiser l'Université, de revoquer la pluspart des Privileges accordez aux Religieux Mendians : que son successeur Alexandre IV. ayant donné en 1255. une nouvelle Decretale qui commence par ces mots ; *Quasi lignum vitæ*, en faveur des Privileges des Mendians, soûtenuë par trois autres, & nommé des Commissaires pour les faire executer; S. Loüis, sur les remontrances de l'Université, en arresta l'execution; que les Evêques s'y opposerent; qu'elles n'eurent point d'effet, & que les Dominicains furent obligez d'y renoncer expressément. Vous auriez pû lire dans les Actes de l'Histoire du différend de Philippe le Bel & de Boniface VIII. p. 117. l'Acte de l'Université de Paris de l'an 1303. pour adherer aux Conclusions prises par le Roy contre la Bulle *Unam Sanctam*, & les autres entreprises de Boniface. Vous auriez pû apprendre des Historiens avec quelle fermeté les Docteurs de Paris s'éleverent & prêcherent contre Jean XXII. & de quelle maniere ils condamnerent le sentiment de ce Pape par un Acte solemnel donné au Château de Vincennes, sur lequel le Roy Phiippe de Valois écrivit au Pape, qu'*il eut à ſuivre l'avis des Docteurs de la Faculté de Theologie de Paris, qui ſçavoient mieux ce qu'il falloit tenir ou croire en matiere de foy, que les Juriſtes ou autres Clercs.* Que vous étes éloignez, vous & vos adherans, Monſieur, quoy que vous vous diſiez membres de la Faculté de Theologie de Paris, de parler & de penſer ainſi de ce Corps celebre, en le réduiſant, comme vous faites, à une ſimple obéïſſance aveugle.

Dans les démêlez qui ont été entre les Papes du tems du Schiſme, n'eſt-ce pas l'Univerſité, & particulierement la Faculté de Theologie de Paris, que l'on a regardée en France & ailleurs comme arbitre de ce différent ? N'eſt-ce pas ſur ſon avis que l'on a accordé ou ſouſtrait l'obéïſſance aux Contendans ? N'eſt-ce pas ſur la remontrance de Jean Coutercuiſſe, parlant au nom de la Faculté, que Charles VI. fit lacerer les Bulles de Benoist XIII ? N'est-ce pas l'avis de la Faculté sur l'acceptation des Conciles de Constance & de Bâle, qui a prévalu aux Decrets que les Papes faisoient pour empêcher que ces Conciles ne fussent reçûs ? N'est-ce pas la Faculté de Theologie de Paris en 1501. qui répondit, que les Censures qu'Alexandre VI. avoit fulminées pour faire payer les Decimes qu'il avoit établies, étoient nulles, & qu'on n'y devoit avoir aucun égard ? N'est-ce pas l'Université qui, quand il s'agît d'enteriner le Concordat de Leon X. & l'abrogation de la Pragmatique, appella du Jugement du Pape, & fit signifier son Acte d'appel au Legat ? Quand tous ces faits ne vous seroient pas connus, vous ne pouvez pas ignorer le Jugement que la Faculté de Theologie de Paris porta en 1554. le 1. de

Decembre, au sujet des Jesuites, dont la Societé étoit approuvée par les Bulles de deux Papes Paul III. & Jules III. Elle fit lire ces Bulles en pleine Assemblée ; selon vous il n'y avoit plus qu'à les recevoir & approuver la Societé des Jesuites : Elle ne crut pas le devoir faire, la chose fut mise en déliberation, & la Faculté, aprés avoir marqué en general le respect qu'elle avoit pour le Pape, ajoûta, que nonobstant l'obéïssance qui luy étoit dûë comme étant Vicaire de J. Christ & Pasteur universel : *Tous les Theologiens devoient toûjours être prests de rendre compte à tous ceux qui leur faisoient des questions sur la Foy, sur les Mœurs, & sur ce qui regarde l'édification de l'Eglise.* Et qu'ainsi » ayant lû, repeté & bien entendu » les articles de la Bulle; & en ayant » déliberé pendant plusieurs mois, » les ayant discutez & examinez a- » vec toute la diligence possible, elle a été de tel avis. Voilà, M. ce que la Faculté étoit en droit de faire, & ce qu'elle auroit fait, si elle en avoit eu la liberté, quand on lui a présenté la Constitution *Unigenitus* : elle en auroit examiné, discuté tous les articles; elle auroit déliberé pendant plusieurs mois, & ensuite elle auroit pris sa résolution sur cette Constitution: La Faculté auroit-elle dit sur la Constitution, ce qu'elle dit alors de la Societé des Jesuites, approuvée par deux Bulles. *Qu'elle étoit dangereuse en matiere de foy, tendante à renverser la hierarchie, capable de troubler la paix publique, & propre plûtost à détruire qu'à édifier: In negotio fidei periculosam, hierarchiæ eversivam, tranquillitatis publicæ perturbativam & magis in destructionem quam in edificationem* : Se seroit-elle contentée de demander des explications au Pape comme les anciens Docteurs l'ont proposé ? C'est ce que je ne decide pas; mais enfin, quand même la Constitution auroit dû être acceptée, elle l'auroit été avec connoissance de cause, & suivant les usages de la Faculté.

Ce qui se passa en France en 1644. au sujet de l'acceptation de la Bulle d'Urbain VIII. contre Baïus, est encore une preuve de cet usage ancien, à laquelle il n'y a point de replique. Le Chancelier de France avoit donné au nom du Roy une Lettre de cachet pour faire recevoir cette Bulle en Sorbonne. L'Archevêque de Paris avoit fait un Mandement, par lequel il l'acceptoit. Le Nonce Grimaldi l'avoit envoyée à la Faculté avec la Lettre de cachet. L'Assemblée du premier Janvier nomma huit Députez pour examiner si elle devoit être reçûë : l'avis de ces Députez, quelques favorables qu'ils fussent pour l'acceptation, fut qu'il suffiroit d'inserer dans les Registres de la Faculté les propositions rapportées dans la Bulle, & de défendre aux Bacheliers & Licentiez de les mettre dans leurs Theses, jusques à ce qu'il en eut été ordonné autrement par le S. Siege ou par l'Eglise. L'assemblée sur leur rapport jugea qu'il n'étoit point à propos de publier, de recevoir, ni même d'enregistrer cette Bulle, & défendit cependant de son autorité aux Docteurs & Bacheliers, de soûtenir, jusqu'à ce qu'il fut autrement reglé, les propositions condamnées dans les Bulles de Pie V. de Gregoire XIII. & d'Urbain VIII. Qu'on compare la conduite que la Faculté garda en 1644. à l'égard de la Bulle *In eminenti*, & celle qu'on lui a attribuée au sujet de la Bulle *Unigenitus* en 1714. on trouvera qu'elles sont bien differentes. Neanmoins les choses étoient assez pareilles; il s'agit dans l'un & l'autre cas d'une Bulle du Pape qui condamne plusieurs propositions dogmatiques. Il y a eu des Lettres de Cachet, pour les faire enregistrer & recevoir toutes deux. En 1644. la Faculté nomme des Députez pour examiner si la Bulle devoit être reçûë; elle conclut, nonobstant la Lettre de cachet, qu'elle ne devoit pas l'accepter, & fait un Reglement par provision, sans approuver ni condamner le fonds de la doctrine; n'étoit-elle pas en droit de faire de même en 1714. à l'égard de la Constitution *Unigenitus*, & de déclarer en 1715. qu'elle n'avoit pas reçû cette Constitution?

Voulez-vous un exemple encore plus recent? La Faculté a-t-elle reçû la Bulle d'Alexandre VII du 25. Juin 1661. au sujet de ses Censures contre Jacques de Vernant & Amadée Guimenius? N'a-t'elle pas applaudi à l'excellent Discours que Monsieur de Harlay Procureur General du Roy fit dans l'Assemblée contre cette Bulle, *que l'on sçait*, dit-il, *avoir esté suggerée au Pape.... Bulle*, ajoûte-t'il, *dont on peut dire ce que les Peres du Concile d'Ephese écrivirent aux Empereurs Theodose & Valentinien de la condamnation que Jean Patriarche d'Antioche avoit prononcée contre S. Cyrille & Memnon : Judicium quod lege & justitia nullâ ex parte nititur, nihil est nisi merum convicium.* Voicy, Monsieur, des maximes bien contraires aux vôtres, que ce sçavant Magistrat, dont la memoire vivra toûjours, établit dans ce Discours, » *Comme* » *Docteurs*, dit il, *vous étes débi-* » *teurs à tous les Fideles d'une pré-* » *voyance exacte qui examine &* » *qui condamne toutes les mauvai-* » *ses maximes* (notez qu'il s'agissoit d'une doctrine que le Pape sembloit approuver en condamnant la Censure) *qui pourroient* » *attaquer les veritez de la foy & de* » *la pureté de la morale* : Mais com-

» me Docteurs de Paris une vertu
» commune ne vous acquiteroit
» pas de toutes vos obligations.
» Vous étes debiteurs au plus grand
» Roy du monde de cette fidelité
» inviolable pour la conservation
» des droits de la Couronne, dont
» vous lui avez donné des gages
» si précieux & si autentiques,
» comme vos predecesseurs avoient
» fait à plusieurs autres de nos
» Rois.

» Vous devez à l'Église Gallica-
» ne la défense de ses libertez.
» Elle regarde vôtre Compagnie
» comme le Seminaire de ses Evê-
» ques, comme l'Ecole où ces Pré-
» lats apprennent les devoirs im-
» portans, & la veritable étenduë
» du pouvoir attaché à leur carac-
» tere. Enfin elle vous considere
» comme une espece de Concile
» perpetuellement assemblé, *Con-*
» *cilium fidei*, (selon le Roy Char-
» les VI.) lequel, avec une vigi-

» lance infatigable, eſt toûjours
» en état de s'oppoſer à toutes les
» nouveautez dangereuſes. Vous
» êtes obligez de confirmer cette
» illuſtre jeuneſſe qui vous envi-
» ronne, dans ces ſentimens gene-
» reux & françois qu'elle fait pa-
» roître avec tant d'éclat dans tou-
» tes ſes actions publiques. Vous
» êtes obligez de tranſmettre à vos
» enfans, comme par une eſpece
» de ſucceſſion, la doctrine &
» l'eſprit de cette Faculté dans la
» pureté avec laquelle vous l'avez
» reçûë de vos Peres.

Direz-vous, Monſieur, que la Bulle d'Alexandre VII. contre les Cenſures des Livres de Jacques de Vernant & d'Amadée Guimenius ne fut pas une déciſion dogmatique faite par l'autorité ſuperieure. Tant de propoſitions erronées ſur l'Egliſe, la Hierarchie, la Morale & la Diſcipline Eccleſiaſtique, ne ſont elles pas une matiere Dogmatique ? & les qualifications de ces propoſitions, dont quelques-unes ſont condamnées comme heretiques, les autres comme erronées, contraires aux Conciles & à la Tradition, ſchiſmatiques, ſcandaleuſes, &c. n'appartiennent-elles pas à la doctrine ? Voilà un exemple tout recent, qui montre que la Faculté, ſans manquer de reſpect pour le S. Siege, peut ne pas *recevoir avec ſoumiſſion les deciſions dogmatiques faites par l'autorité du Pape.* Mais, direz-vous, les Evêques n'avoient pas reçû cette Bulle : s'y oppoſoient-ils ? aucun d'entr'eux mettoit-il un obſtacle formel à ſa publication ? ne ſont-ils pas tous demeurez dans le ſilence ? Cela ſuffit, ſélon les Ecrivains de vôtre parti, pour une acceptation tacite.

Aprés cela, Monſieur, pouvez-vous dire qu'il eſt ſans exemple que la Faculté ait refuſé de recevoir aucune Bulle des Papes. Vous ne pouvez pas vous retrancher sur ce que vous ajoûtez, *& des Evêques*; car pouvez-vous dire de bonne foi, que l'Assemblée des quarante Evêques fut un consentement general des Evêques? & pouvez-vous nier que quelque consentement qu'il y ait des Evêques particuliers, à moins qu'il n'y eut une décision d'un Concile general, ou un consentement de l'Eglise Universelle, la Faculté ne soit en droit d'examiner les choses qu'on luy propose à accepter, d'en déliberer, & d'en donner son avis doctrinal.

Je n'entre point non plus, Monsieur, dans le détail que vous rapportez, p. 13. & 14. de ce que vous prétendez qui s'est passé entre M. le Cardinal de Noailles & M. le Cardinal de Rohan; cela n'interesse en aucune maniere la Faculté, qui n'en a rien sçû. Vous auriez bien pû vous passer de commettre ensemble ces deux Prelats, comme vous le faites par vôtre Relation ; & il pourroit arriver que l'un & l'autre vous desavouëroient. Vous deviez du moins avoir plus de respect pour le Mandement de Monseigneur le Cardinal deNoailles, & n'en pas parler avec tant de mépris, ny le donner (ce sont vos termes, p. 15.) comme *la Pomme de discorde, jettée au milieu des Docteurs.* A quoy pensez-vous, Monsieur, le Mandement très-mesuré d'un Archevêque qui conserve ses droits & ceux de l'Episcopat, est, si l'on vous en croit, une *Pomme de discorde*. L'on ne soupçonnera jamais Monseigneur le Cardinal de Noailles d'avoir jetté la Pomme de discorde en aucun endroit, & dans la Faculté moins que dans aucun autre. Si vous n'etiez pas si prévenu que vous l'étes, je vous pourrois faire connoître qui sont ceux qui ont jetté dans la Faculté la Pomme de diſcorde. Peut être en étes-vous un, Monſieur, ſûrement cette diſcorde n'eſt point venuë de la part de Monſeigneur le Cardinal de Noailles, ny à l'occaſion de ſon Mandement; mais de ce que l'on a voulu par violence & par autorité faire accepter la Conſtitution ſans aucune déliberation, ſans aucun examen. C'eſt le Sieur le Rouge alors Syndic, ce ſont ceux avec qui il étoit lié, qui ont occaſioné cette diſcorde, qui l'ont fomentée, & qui ont fait triompher en apparence le parti contraire à la ſincerité & à la verité.

Il n'eſt que trop vray que la crainte de l'exil ou de la priſon dont le Syndic & ſes adherans menaçoient les Docteurs qui faiſoient difficulté d'accepter la Conſtitution, jetta l'épouvante parmi-eux, leur fit prendre differens partis, &

les divisa en quelque maniere dans l'expression de leurs avis, quoyqu'ils demeurassent uniformes à ne point accepter la Constitution. C'est de cette division apparente qu'à voulu profiter M. le Rouge, & c'est sur cela, Monsieur, que vous fondez vôtre systême de l'acceptation par le plus grand nombre; mais quand la chose sera dévelopée vous n'y trouverez pas vôtre compte.

Je ne sçay pas qui vous a rapporté les paroles que vous attribuez à son Eminence Monseigneur le Cardinal de Noailles, p. 17. de vôtre Ecrit. Quand il seroit vray qu'il eut parlé ainsi à quelques Docteurs, & qu'il leur eût dit *de ne se point diviser, & de tenir ferme pour les Explications*, il n'y auroit rien en cela qui ne fut très-moderé. C'étoit en effet le parti le plus sage que l'on eut pris en Faculté, si l'on n'en avoit été empêché par des ordres superieurs.

Je ne vous suivray pas, Monsieur, dans la relation détaillée que vous faites de l'avis de tous les Docteurs qui ont opiné dans les Assemblées des 1, 3, & 5. Mars 1714.

Je ne m'arrêteray point, comme je vous ay déja dit, à peser le mérite des uns & des autres, ny à juger de la maniere dont ils ont opiné.

La seule question qui doit être importante dans l'affaire présente, est de sçavoir de quel côté a été la pluralité des suffrages, si le plus grand nombre des opinans a été pour l'acceptation, si la Conclusion de la Faculté est celle qui a été dressée par M. le Rouge, si le Decret qu'il a publié est faux ou non. Ce sont là les questions sur lesquelles la Faculté a prononcé, & sur lesquelles roule le différent entre son Corps & les Docteurs opposans à ses Conclusions.

Or je m'en vas vous prouver par vôtre propre Relation, Monsieur (ce qui paroît un paradoxe) que la pluralité des voix n'a point été pour l'acceptation ; & que le Sieur le Rouge a falsifié plusieurs fois la Conclusion ; je l'en convaincray par vôtre aveu, & je feray voir par vous-même que la Faculté n'a point eu de liberté dans tout ce qu'elle a fait sur ce sujet.

Vous avoüez, Monsieur, que dans l'Assemblée du 1. Mars 1714. il y eut deux avis *ouverts*, celuy de M. Humbelot qui étoit pour l'acceptation pure & simple de la Constitution, & celuy de M. Habert pour le simple enregistrement de la Constitution, avec la Lettre de cachet, & à condition qu'elle ne feroit point de loy. Ce dernier fut suivi de 14. opinans jusqu'à M. Bigres, comme vous en convenez vous-même. Le premier, selon

ſelon vôtre Relation, fut ſuivi par quinze opinans; mais il faut retrancher de ce nombre M. de Curduchesne, qui a declaré depuis & declare encore qu'il n'a été que pour le ſimple enregiſtrement. Je vous laiſſe, ſi vous voulez, le ſuffrage de M. le Tourneux pour l'acceptation de la Bulle, quoi que ce Docteur n'ait dit que le ſeul mot *recipio*, ſans beaucoup d'attention. Dans cette Aſſemblée il n'y en eut que quinze de cet avis, & quatorze de celuy de M. Habert.

Pour peu que vous ſoyez de bonne foy vous avouërez, Monſieur, que dans les Aſſemblées ſuivantes le plus grand nombre des Docteurs ſe fût rangé à ce dernier avis, ſi la ſeconde Lettre de juſſion du 2. Mars n'eut été apportée dans l'Aſſemblée du 3. de ce mois. Cette Lettre ôtant la liberté de déliberer, fit prendre à pluſieurs Docteurs le parti d'être d'avis d'enregiſtrer la Bulle avec les deux Lettres de juſſion, ſans porter aucun jugement ſur ſon acceptation, ny ſur l'approbation de ce qu'elle contenoit. M. Bigres, qui opina le premier, conclut ſelon vous-même contre l'acceptation de la Bulle. Vous abandonnez auſſi M. Lambert, puiſque le Syndic s'éleva, à ce que vous dites, contre ſon avis. M. Bidal a encore été contre l'acceptation, vous n'en doutez pas. Icy, Monſieur, vous vous égarez, en rapportant une mauvaiſe, pour ne pas dire inſolente, plaiſanterie d'un Docteur dite alors à ce que vous prétendez à l'Abbé Bidal (plaiſe à Dieu que vous n'y ayez point de part,) je m'en vais vous en faire voir le ridicule. M. l'Abbé Bidal demande au Syndic s'il y a liberté de ſuffrages. Cette demande, qui vous paroît p. 97. *peu meſurée & d'un homme que l'on avoit échauffé*, étoit fort raiſonnable, & d'un homme très-prudent. Un Docteur qui opine dans une Assemblée sur une matiere doctrinale, doit sçavoir avant toutes choses, s'il a la liberté de dire ce qu'il pense, sinon il est de sa prudence de ne point opiner. Cette liberté consiste à pouvoir suivre ses lumieres & les mouvemens de sa conscience, sans qu'il y ait d'ordres superieurs qui astreignent à embrasser un sentiment préferablement à un autre, & sans que l'on courre risque, en ne suivant pas ces ordres, d'être exilé ou de souffrir d'autres mauvais traitemens. Voilà ce que l'on appelle la liberté, le défaut de cette liberté a souvent rendu nulles les décisions des Conciles même Generaux. Les Conciles de Tyr, de Rimini, de Seleucie, Du Chesne, d'Ephese II. en sont de tristes exemples, qui auroient été funestes à l'Eglise, si ce défaut de liberté n'étoit une raison suffiſante pour annuller les Decrets des plus ſolennelles & des plus nombreuſes Aſſemblées. Enfin, c'eſt un principe, dont tous les Theologiens & les Canoniſtes conviennent qu'un Concile même general, pour être legitime, doit être libre au ſens que nous avons expliqué. Si nous voulons nous ſervir d'autres exemples, peut-on douter, que s'il arrivoit, que dans une affaire contentieuſe entre des parties on donnât des ordres aux Juges de faire gagner le procès à une des parties, que l'on défendît de ſuivre un autre avis, & qu'on fît des menaces à ceux qui contreviendroient à ces ordres ; peut-on, dis-je, douter que la liberté ne fut ôtée à la Compagnie. C'eſt préciſément ce défaut de liberté qui s'eſt trouvé dans les Aſſemblées de la Faculté du mois de Mars 1714. pour la reception de la Bulle *Unigenitus*. Il y avoit des ordres ſuperieurs réiterez de l'inſcrire ; & si vous voulez, de l'accepter, des menaces continuelles contre ceux, qui ne seroient pas de cet avis, menaces qui ont été suivies d'effets ; où étoit donc la liberté ? On pouvoit la rendre cette liberté, si l'homme public au lieu de contribuer comme il faisoit à opprimer son Corps, se fut employé près des Puissances à en maintenir la liberté, & s'il eut déclaré publiquement que chacun pouvoit dire librement ce qu'il pensoit sur l'acceptation de la Bulle. Ce n'est pas-là la réponse, que fit le Syndic à l'Abbé Bidal; le Docteur qui étoit proche de cet Abbé, si l'on vous en croit, luy dit, *Oüi*, Monsieur, *vous avez la liberté de dire ce qu'il vous plaira, comme un homme sage a celle de faire ou de ne pas faire une folie*, p. 97. En verité, M. vous n'y pensez pas ; si un pareil discours étoit tenu à un Conseiller du Parlement, qui va porter ſon Jugement ſur une affaire, qu'en penſeroit-on, ſi ce n'eſt qu'on l'accuſeroit de folie, quand il ne ſeroit pas de l'avis de celui qui lui parle ainſi? Cependant ce Conſeiller a ſes lumieres; il trouve, que ce que vous appellez une folie, eſt une ſageſſe. Il ſe trompe peut-être, mais on doit lui laiſſer la liberté de ſuivre un avis, que vous jugez être une folie, quand il le croit très-juſte. Où ſera la liberté, ſi l'on traite de folie les avis, qui ne reviennent pas au ſentiment, que l'on voudroit qui prévalût? Je ne m'étonne pas, *que M. Bidal ne pût pas comprendre ce que cela vouloit dire*, p. 97. car aſſurément il eſt incomprehenſible, qu'on ne laiſſe la liberté à un homme d'opiner, qu'en le faiſant paſſer pour fol, s'il n'eſt pas d'un tel avis, & que cependant ſa liberté d'opiner ſoit conſervée; c'eſt ce qui paroît extravagant.

Il faut, Monſieur, à l'occaſion

de l'avis de M. Bidal, refuter les faux raisonnemens, que vous faites au sujet de l'obéïssance dûë aux ordres du Roy. Pouvez-vous dire que le Roy ait eu droit de juger de la doctrine contenuë dans la Constitution, & d'obliger les Docteurs à s'y soumettre? Je ne crois pas que vous osiez avancer cette maxime. Vous avoüez que le Pape n'est pas infaillible dans ses jugemens, (vous serez démenti en cela par vos Confreres les Ultramontains,) *l'Eglise de France*, dites-vous, *& les autres Eglises Catholiques ont reçû la Constitution.* p. 92. Cela peut-il être soûtenable par rapport au temps que la Constitution fut envoyée à la Faculté. Il n'y avoit que quarante Evêques qui l'eussent acceptée avec des explications portées dans leur Instruction Pastorale. Quelques-autres avoient pris la résolution de demander ces Explications au

Pape, les Parlemens avoient mis des Modifications aux propositions de la Bulle. Les choses étoient en cet état, quand elle fut envoyée par le Roy à la Faculté de Theologie de Paris. Si Sa Majesté ne demandoit d'elle qu'un simple enregistrement sans acceptation, sans approbation, on pouvoit lui obéir; mais si elle demandoit une acceptation & une approbation, il falloit necessairement que les Docteurs en déliberassent avec une entiere & pleine liberté. Chaque Docteur doit porter son avis, & en le portant doit dire en conscience ce qu'il pense des propositions condamnées, & de leur condamnation. Cela est dans les regles. C'est ainsi que se font toutes les conclusions de la Faculté. Quelque respect que l'on ait pour les ordres du Roy, on ne peut point dire, qu'il ait droit d'obliger les Docteurs à être d'un tel avis: Le

Pape & quelques Evêques, à moins que leur décision ne soit acceptée par l'Eglise Universelle, ne peuvent pas leur imposer la necessité de ne pas dire leur avis particulier suivant leurs lumieres. Ces Docteurs que vous traitez *de simples Prêtres, sans autorité & sans jurisdiction*, p. 86. ont du moins (vous n'en pouvez disconvenir, si vous êtes Docteur, comme vous le marquez) le droit de porter leur avis doctrinal. Cet avis ne doit être reglé ni par les volontez du Roy, ni par la décision du Pape, ni par les sentimens de quelques Evêques. C'est uniquement à l'Ecriture Sainte, à la Tradition & à la décision de l'Eglise Universelle qu'ils doivent se soûmettre. L'Eglise, ni l'Etat ne seront point troublez, quand ils diront librement ce qu'ils pensent. Ils n'ont pas, je l'avoûë, de jurisdiction pour faire executer ce qu'ils auront résolu ; mais ils ont le droit de proposer à l'Eglise leur résolution. Ils ne doivent point donner d'avis qu'après une mûre déliberation, & ils le doivent donner avec une entiere liberté.

Vous demandez, Monsieur, p. 86. où étoit la liberté des suffrages en 1705. Quand le Roy adressa à la Faculté la Bulle *Vineam Domini Sabaoth ; où elle étoit en 1661. quand les Evêques de Rennes & de Rhodez apporterent les ordres du Roy pour la signature du Formulaire ; où elle étoit en 1653. & en 1657. quand on reçut les Bulles d'Innocent X. & d'Alexandre VII. contre les cinq fameuses propositions extraites du Livre de Jansenius.* A quoi pensez-vous? voulez-vous faire croire que ces Bulles n'ayent pas été acceptées par la Faculté avec liberté & après une mûre déliberation ?

Je vous répondray, M. qu'en toutes ces occasions, on a laissé à la Faculté, la liberté de déliberer, & que si vous soûtenez qu'on l'en a privée, vous allez contre les principes de ceux, dont vous voulez paroître le défenseur. Il n'y en aura aucun qui dise avec vous, que ces Constitutions ayent été enregistrées seulement en vertu de Lettres de cachet, & avec interdiction de déliberer & d'y apporter des modifications.

Vous suivrai-je, M. dans tous vos faux raisonnemens. *L'autorité des Archevêques ne paroît ici*, dites-vous, *en aucune maniere par rapport à la Faculté*. p. 86. Je conviens avec vous que l'Archevêque de Paris n'a point d'autorité sur le Corps de la Faculté, quoi qu'il en ait sur ses membres en particulier. Les Evêques & les Archevêques de Paris n'ont jamais eu cette prétention, & Son Eminence, Monseigneur le Cardinal de Noailles est trop religieux pour vouloir entreprendre ſur le droit de cette Compagnie : mais enfin la Faculté de Paris doit avoir tous les égards poſſibles pour celui, qui eſt l'Archevêque de la ville, où elle eſt établie. Juſqu'à preſent (à l'exception de l'affaire ſeule de Maldonat Jeſuite) on n'a point vû la Faculté en different avec les Evêques ou Archevêques de Paris. Elle a toûjours agi de concert avec eux.

C'eſt le Roy, dites-vous, *qui parle & qui ordonne*; on doit reſpecter les paroles & les ordres du Roy, je l'avouë ; mais l'intention du Roy ne peut point être d'ordonner ſur la doctrine avant la déciſion de l'Egliſe. Nos Rois ſe ſont ſouvent adreſſez, vous ne devez pas l'ignorer, à la Faculté, pour avoir ſon avis ſur ces matieres.

Il y en a quantité d'exemples celebres ; ils ſe ſont rapportez à la Faculté de Paris dans l'affaire la plus importante sur la Religion, sçavoir lequel ils devoient reconnoître de deux contendans au Souverain Pontificat, où s'ils se pouvoient soustraire de l'obéïssance de l'un & de l'autre ; ils ont suivi en ces occasions les mouvemens & les impressions de nôtre Faculté. Quand Jean XXII. enseigna une doctrine pernicieuse, le Roy déclara, qu'il s'en rapportoit plûtôt aux décisions des Docteurs, qu'à celle des Canonistes Ultramontains, soûtenuë du suffrage & de l'approbation du Pape. Dans ces derniers temps Sa Majesté n'a-t-elle pas preferé le jugement de la Faculté dans plusieurs décisions de doctrine & de morale, à celui de la Cour de Rome, nommément sur l'autorité du Concile, la faillibilité du Pape, & les libertez des Eglises de son Royaume ?

Vous me permettrez, Monsieur, de n'être pas de vôtre avis sur ce que vous me dites, *Que quand un Evêque fait une Ordonnance dans son Diocese, tous les Ecclesiastiques, qui lui sont soûmi, sont obligez de lui obéir. Ibid.* Si c'est sur la discipline, pourvû que son Ordonnance ne soit pas contraire à celle de l'Eglise Universelle, ou à celle du Royaume & de la Province, je veux bien l'avouer avec vous; mais si c'est sur la doctrine, croyez-moy, M. il n'y a point d'Ecclesiastique éclairé qui doive se soumettre aveuglement à l'avis de son Evêque, quand il aura sujet de croire que cet Evêque est dans l'erreur.

Le Roy, dites-vous, *par ses ordres réïterez adressez à la Faculté, pour recevoir & enregistrer la Bulle, lui ôte la liberté.* p. 88. Cela n'est que trop vrai, non que S. M. eût cette intention; mais parce qu'on le faisoit agir contre son intention. Ces ordres étoient, ajoûtez-vous, *de faire, quoi de mal faire?* C'est ici le même

Sophiſme que vôtre Docteur a fait à M. l'Abbé Bidal : quand on a la liberté, c'eſt de faire ce que l'on juge bien ou mal : ſi l'on ſe trompe en prenant le mal pour le bien, c'eſt un défaut dans lequel tous les hommes peuvent tomber, *labi humanum eſt*. Mais ſi l'on eſt contraint de prendre un parti bon ou mauvais, parce qu'il vous eſt ordonné de le prendre, où eſt la liberté? L'autorité qui ordonne de prendre ce parti, n'eſtant pas infaillible, peut-elle ôter la liberté ? L'Egliſe qui joüit du privilege de l'infaillibilité a droit, comme vous dites, *d'ôter à ſes enfans le pouvoir de penſer autrement qu'elle fait ſur les dogmes de Foi*. Graces à Dieu, vous reſtreignez ici l'infaillibilité de l'Egliſe aux dogmes de Foi, je vous en ſçai bon gré, & je reconnois de tout mon cœur avec vous que l'Egliſe a droit d'exiger la creance ſur les dogmes de Foi qu'elle a reçûs univerſellement ; c'eſt une verité, qu'il y a long-tems que l'on préche ſur les toîts. Auſſi en ces occaſions, non ſeulement les particuliers, mais les Facultez mêmes n'ont aucune liberté de ne pas adherer à la Foi de l'Egliſe Univerſelle. Ce n'eſt pas de quoi il s'agit. Mettons la choſe en ſon vrai état. Le Pape ſollicité & importuné par des perſonnes puiſſantes de condamner pluſieurs propoſitions contenuës dans un livre, établit une Congregation de quatre Cardinaux, & ſur leur rapport (quoique peut-être ils ne fuſſent pas uniformes dans leurs avis) condamne 101. propoſitions, qu'il prétend être dans ce Livre; cette Bulle eſt envoyée en France, portée à une Aſſemblée d'Evêques, qui n'eſt point convoquée dans les formes ordinaires, & que l'on ne peut faire paſſer, ni pour une Aſſemblée reglée du Clergé, ni pour un Concile National. On y diſcute cette matiere, tous y trouvent de la difficulté. Après quatre mois de deliberation, quarante d'entr'eux dressent une Instruction Pastorale pour l'expliquer; d'autres jugent plus à propos de demander des explications au Pape. En cet état l'affaire est portée à la Faculté: il est certain que suivant son ancien usage, elle doit avoir la liberté d'opiner, & on ne doit regarder ni la Bulle ni l'acceptation prétenduë des Evêques comme une loi, qui lui impose aucune necessité

La Faculté, ajoûtez-vous, *ôte à ses membres la liberté de soûtenir une doctrine contraire à la sienne.* Je l'avoûë, Monsieur, mais si cette doctrine n'est pas de foi oblige-t-elle à la recevoir comme un dogme de Foi? ôte-t-elle la liberté de penser autrement? Non certes, l'opinion de l'Immaculée Conception en est une preuve, quelque penchant qu'elle ait pour ce sentiment, elle ne le regarde point comme de foi ; elle oblige seulement ceux qui sont de son Corps à ne point dogmatiser au contraire. Elle ne les oblige même à soûtenir une doctrine qui n'est pas encore décidée comme de foi, que quand elle est appuyée sur l'Ecriture sainte & sur la tradition, & que la doctrine opposée est moins sûre & moins probable.

Je passe les declamations, que vous faites ensuite, elles sont frivoles & ne meritent pas d'être relevées ; je reviens avec vous au fait, dont je ne me suis éloigné, que parce que vous m'en avez écarté par vos reflexions.

Il ne s'agit entre vous & moi que d'un seul fait, sçavoir si la conclusion prétenduë du mois de Mars 1714. est veritable ou non, si la pluralité des suffrages des Docteurs de la Faculté a été à accepter la Constitution *Unigenitus*, & à obliger tous les Docteurs & Bacheliers à la regarder comme une regle de foi & de discipline : C'est-là l'unique point, qui soit de quelque consequence par rapport à vôtre relation. Je vous ai déja dit, que de vôtre aveu même dans la premiere Assemblée du premier Mars il y avoit tout au plus quinze suffrages pour l'acceptation de la Constitution, & quatorze pour ne la point accepter.

Dans la seconde Assemblée du troisiéme Mars Messieurs Bigres, Lambert, Bidal & Bonnet opinerent contre l'acceptation : vient ensuite M. Leger, dont le sentiment a prevalu suivant qu'il l'avoit prononcé, & ainsi c'est sur cet avis qu'il faut s'arrêter. Vous prétendez que l'avis de M. Leger n'est point different de celui des Docteurs, qui ont reçû purement & simplement la Bulle, & moi je vous soûtiens, que c'est une chose notoire & prouvée, qu'il n'a point conclu à l'acceptation, mais seulement à un simple enregistrement pour obéïr aux ordres du Roy.

Premierement dans la Preface de son discours il marque très-positivement, qu'il ne prétend en aucune maniere opiner sur l'acceptation de la Bulle, & témoigne de la douleur de ce que la Faculté n'a pas la liberté d'opiner sur ce sujet; il se plaint de ce qu'on la méprise jusqu'au point de ne lui pas demander son avis doctrinal, mais une simple obéïssance. *Eò tandem despectûs devenimus, ut non amplius judicium doctrinale, sed mera obedientia à nobis postuletur.* Cet avertissement, qui precedoit son avis, ne peut être regardé que comme une précaution, qu'il prenoit afin qu'on ne l'interpretât pas pour une acceptation.

2°. Les termes de son avis ne portent qu'un simple enregistrement de la Bulle, *Unigenitus, Commentariis nostris inscriendam*, & afin qu'il parût que cet enregistrement ne pouvoit passer pour une acceptation, il ajoûta que l'on y joindroit les deux Lettres de jussion du Roy, *unâ cum duabus litteris Regiis.*

3°. La députation, qu'il veut que l'on fasse au Roi, n'est point afin, comme il est porté dans la fausse conclusion, de remercier le Roy, ni de donner aucune approbation à la Constitution, mais simplement pour témoigner à Sa Majesté, que la Faculté étoit toûjours prête à lui obéïr, & en même temps pour lui faire des remontrances, afin qu'elle lui accordât sa protection dans le maintien de sa discipline, *dirigantur ad Augustissimam Majestatem duodecim Seniores Magistri, qui obsequium semper paratum polliciti novum in tuenda disciplina præsidium implorent.*

Un des principaux points de la discipline de la Faculté est, qu'elle delibere avec liberté sur les matieres doctrinales, qui lui sont proposées, elle obéïssoit aux ordres du Roy en enregistrant la Constitution, & en même temps elle mettoit à couvert son droit de ne la recevoir qu'après une mûre & libre déliberation.

4°. Tous les Docteurs, qui revinrent à l'avis de M. Leger l'entendirent d'une simple inscription sans acceptation, & ne se départirent point de ce qu'ils avoient dit, que l'on ne pouvoit pas accepter la Constitution, que l'on n'eût reçû les explications demandées par les Evêques au Pape. Ils l'ont déclaré dès lors dans leurs lettres, & dans leurs protestations.

5°. Ceux mêmes, qui étoient de l'avis du Syndic & de M. Humbelot, comprirent si bien qu'il étoit different de celui de M. Leger, qu'ils se distinguerent des autres, qui suivoient l'avis de M. Leger, en disant qu'ils étoient de l'avis de M. le Syndic ou de M. Humbelot: cela paroît, M. par vôtre relation.

6°. Monsieur Leger est vivant, son témoignage est digne de foi, il déclare, qu'il n'a point eu d'autre intention que de faire enregistrer la Bulle pour obéir aux ordres du Roy, & non de l'accepter. C'est uniquement ce que portent les termes de son avis : c'est ainsi qu'il a été pris tant par ceux, qui étoient pour l'acceptation, que par ceux qui y étoient opposez ; il déclare lui-même qu'elle a été sa pensée. Après cela pouvez-vous, Monsieur, mettre le sieur Leger & ceux qui ont suivi son avis au nombre des acceptans purement & simplement, & le sieur le Rouge a-t-il eu droit de le faire ? N'est-ce pas une fausseté & une mauvaise foi, qui ne se peut pardonner ?

Examinons maintenant les avis des Docteurs, qui ont opiné après M. Leger, & vous verrez qu'il n'y en a qu'un très-petit nombre suivant vôtre relation même pour l'acceptation. M. Garçon qui déclara qu'il ſe taiſoit aprés avoir formé ſes difficultez, & qu'il auroit ſoûtenu ſon avis s'il y avoit eu de la liberté, peut-il être mis au nombre des acceptans ? Le ſieur Soulet a été ſelon vous-même de l'avis de M. Habert, vous ne pouvez pas donc le compter au nombre des acceptans: M. Triboulart doit être joint avec M. Garçon : M. Anquetil fut de l'avis de M. Leger en expliquant, qu'il ne l'entendoit que d'un ſimple enregiſtrement. M. Herlau ne dit point comme vous lui faites dire, qu'il étoit de lavis de M. Humbelot, dont il n'a jamais été, mais aprés avoir remontré, qu'il étoit fâcheux, que l'on ôtât à la Faculté la liberté de déliberer; il ajoûta qu'il étoit d'avis, que l'on mît dans les Regiſtres la Conſtitution avec les deux Lettres du Roy : M. Jollain & M. de la Coſte furent de l'avis de de M. Lambert, que vous reconnoiſſez vous-même n'être pas pour l'acceptation. Je vous abandonne MM. Fleuri, Vachiere, Leſtang, la Roche, Vivant, Pilles, Lheullier, Le Moine, Binet, Rigal, Droüin, Tourneli & Chenu, qui voyans que l'avis de M. Leger étoit different de celui du Syndic, ſe garderent bien de dire un *idem* avec lui, mais déclarerent préciſément, qu'ils étoient de l'avis de M. le Syndic. Pour MM. Saraſin, Prevoſt, Pinſſonat, Retart, Lattenai, Calmel, Courcier, Deſprez, le Meur, Gilbert, ils furent de l'avis de M. Leger, & déclarerent la plûpart en opinant, qu'ils ne concluoient qu'à l'enregiſtrement & non à l'acceptation. Ce fut auſſi l'avis de M. Favart, qui s'en expliqua nettement, quoi que vous le mettiez au nombre de ceux, qui acceptoient purement & ſimplement la Bulle; il vous en donnera, quand vous voudrez, le dementi, aussi bien que M[rs]. Brûlé & Brunet secundus, que vous avez mis mal à propos au nombre des acceptans. Pour M. de Targny, son sentiment a été si obscur, qu'on n'a jamais bien sçû à quoi il a conclu ; il paroît neanmoins par ses premisses, que ce n'est qu'à un simple enregistrement sans aucun jugement, puisqu'il l'interdit à la Faculté, parce qu'elle n'étoit pas consultée. Ainsi vous ne pouvez tirer aucun avantage de son avis, ni mettre ce Docteur au nombre des acceptans, il demeurera neutre & en souffrance, jusqu'à ce qu'il se soit expliqué. M. de Risaucourt, qui fut de son avis, ne s'expliqua pas davantage. M. Blanchart avoit ouvert un avis particulier très-sage & bien contraire à l'acceptation, sçavoir de députer au Roy, pour supplier Sa Majesté, qu'il fût permis à la Faculté de differer jusqu'à ce que l'on eut reçû les explications que M le Cardinal de Noailles avoit demandées à Rome ; cet avis fut relevé dans l'Assemblée suivante, & eut plusieurs Partisans. Dans celle-ci Messieurs du Rosey, Menedrieux, Brunet, & Thebert, furent de l'avis de M. Leger.

Monsieur Vitasse, dont vous insultez la memoire, quoique trés-respectable, & à la Maison de Sorbonne, & à la Faculté de Theologie de Paris, qui l'a toûjours estimé & regardé comme un des plus excellens Professeurs qu'elle ait eu dans son sein, proposa les difficultez qu'il avoit pour ne point recevoir la Bulle, & conclut qu'il ne pouvoit la reconnoître pour regle de foy, de mœurs & de discipline. On a son avis écrit & signé de sa main ; sans avoir recours aux relations, on y trouvera que ce Docteur remontra avec sa moderation ordinaire 1°. Qu'il ne sçavoit pas pourquoi on demandoit à la Faculté une déliberation, dans le temps qu'on l'obligeoit par des Lettres de cachet à recevoir la Constitution sans aucune explication ni modification. 2°. Que cette défense ne s'accordoit point avec l'Arrêt du Parlement du 15. Février qui y avoit apposé des modifications. 3°. Que l'on ne sçavoit point si l'on demandoit à la Faculté son jugement sur la Constitution, & si l'on croyoit qu'il fût de quelque autorité, qu'il ne doutoit pas que son nom ne fût d'un grand poids, mais qu'il avoit de la douleur qu'on ne lui laissoit aucune liberté. 4°. Que la Faculté ne pouvoit pas sur le champ prononcer touchant un grand nombre de propositions, qui pouvoient avoir divers sens, & qui avoient paru obscures & ambiguës aux Evêques de France, dont les uns avoient donné des explications, & les autres en avoient demandé au Pape, 5°. Que comme l'Archevêque de Paris avoit fait défenſe de recevoir cette Conſtitution, & que par les Lettres Patentes du Roy il étoit dit que ce qui regarde les jugemens de l'Egliſe en matiere de Foi, eſt reſervé à la perſonne & au caractere des Evêques, nonobſtant toutes exemptions & privileges, il ne croyoit pas qu'on pût accepter la Bulle dans le Dioceſe de Paris, au préjudice des défenſes faites par la Lettre Paſtorale de Monſeigneur le Cardinal de Noailles, Archevêque de Paris. Tel fut l'avis de ce Docteur, auſſi recommandable par ſa candeur & par ſa pieté, que par ſa ſcience & ſon érudition.

Dans la troiſiéme Aſſemblée du 5. Mars M. Nau, que vous mettez du nombre de ceux qui étoient de l'avis de M. Humbelot, fut de celui de M. Leger, & il en donnera acte toutes fois & quantes qu'il sera requis. Messieurs Pinssonat & la Coste, déclarerent ici publiquement, que par l'avis de M. Leger, dont ils étoient, ils n'entendoient point accepter la Bulle. Messieurs de Savigny, Clavel, Cornuau & la Pierre furent pour l'acceptation pure & simple. M. de Beyne Docteur de la Maison de Sorbonne forma un avis, qui revenoit à celui de M. Blanchard ; sçavoir qu'il falloit avoir recours au Roy, & supplier Sa Majesté de laisser la liberté à la Faculté de s'adresser au Pape avec Monseigneur l'Archevêque de Paris, pour lui demander des explications, & cependant laisser l'affaire en suspens. Plusieurs des Anciens revinrent à son avis. Vous avez été mal informé, Monsieur, quand vous avez dit qu'il en a changé. On a eu son suffrage écrit & signé de sa main dans le temps même, par lequel il paroît, qu'il a toûjours persisté, quoi qu'il convienne, que la pluralité ait été pour l'enregistrement sans acceptation. Je ne veux point entrer en dispute avec vous, M. sçavoir si M. l'Abbé Bidal, M. Pinssonat, & M. de la Coste, que vous faites ici revenir sur la scene, ont bien ou mal opiné. Je me renferme dans le fait, sçavoir de quel avis ils ont été afin de compter au juste le nombre des suffrages. Il est constant qu'ils n'ont pas été pour l'acceptation. MM. Carpot & Urbain furent de l'avis de M. Leger. Le suffrage de M. Jaquot vous fut favorable. M. l'Abbé d'Asfeld opina après lui d'une maniere bien differente & pour le style & pour le fonds de la doctrine, rejettant absolument la Constitution. L'avis de Monsieur Labournat n'est pas de vôtre goût, Monsieur, cependant il répondoit fort bien à la sagesse & à la moderation de ce Docteur; il s'en rapportoit à l'Eglise sur la reception de la Constitution, & déclaroit que tandis que l'Eglise ne l'auroit point acceptée, il ne pouvoit pas l'accepter. M. Dufour fut de l'avis de M. Leger. Pour M. Salmon c'est avec justice que vous le comptez au nombre de ceux qui s'opposoient à l'acceptation de la Bulle. L'avis de M. Goüault fut celui du Syndic. M. de la Vigerie suivit l'avis de M. Blanchard, & déclara qu'il ne pouvoit accepter la Constitution. Le P. le Tort Augustin adhera d'abord au sentiment de Monsieur Leger, je le mets pourtant parmi les vôtres à cause de la conclusion qu'il prit en revenant à l'avis du Syndic. Quoique l'Abbé de Bragelogne ait varié sur les differens avis des Docteurs qui n'acceptoient point, il est toûjours demeuré invariable à ne point accepter. Je vois ensuite d'un côté le

Pere Massac Mathurin, & M. Quinot pour l'avis de M. le Syndic, mais d'un autre côté Messieurs Tonnelier, Begon, & Lucas sont de l'avis de M. de Beyne ; M. Pastel de celui de M. Leger. Pour le sieur le Moine *secundus*, on sçait assez qu'il devoit être de l'avis de M. le Syndic. M. Cassé se rangea à celui de M. Leger, aussi bien que Messieurs Cottin, Garrier, & Robine. Vous avez pour vous M. Danez, le Pere Brieres Cordelier, & le Pere Noël Bernardin, l'Abbé d'Argentré, Messieurs Viriot & Henriau; ajoûtez-y, si vous voulez, le Pere Nicolas, qui s'est repenti d'avoir ainsi opiné ; joignez-y Messieurs de Bonnedame, Hubi, Bidet, Dervieux, Derveau, & le Normand. Il y a d'autre côté pour M. de Beyne Messieurs le Paige & Boivin. M. Becquereau s'expliqua en termes précis, & son sentiment fut d'enregistrer la Bulle, ſans neanmoins la recevoir, à cauſe des difficultez qu'elle ſouffroit, & du ſcandale qu'elle cauſoit aux nouveaux Convertis, ce qu'il deſiroit qu'on repreſentât à Sa Majeſté. Ce ſentiment fut ſuivi par Meſſieurs Auvrai, Burgevin & Mareüil, que vous mettez mal à propos au rang des acceptans. MM. le Brun, Boucher, Bourcier, Hullot, Camet & Salmon ſecundus furent de l'avis de M. de Beyne.

Il eſt conſtant entre nous, Monſieur, que dans les Aſſemblées des 1. 3. & 5. Mars 1714. cent & vingt-huit Docteurs ont opiné ſur l'envoi fait par le Roy à la Faculté de la Conſtitution *Unigenitus*. Vous en comptez cinquante-ſept pour l'acceptation, en quoi vous en impoſez au public. 1o. En mettant de ce nombre ceux qui ont été de l'avis de M. Leger, qui, comme nous l'avons prouvé, n'étoient que pour un ſimple enregiſtrement, afin d'obéir aux ordres précis de Sa Majesté 2o. En mettant cinq ou six personnes de ce nombre, qui ont opiné differemment : vous ne deviez compter pour l'acceptation que ceux, qui ont été de l'avis de M. Humbelot & du Syndic. Or certainement leur nombre ne se monte pas à plus de quarante-trois ou quarante-quatre : quoique les autres ayent suivi differens avis pour les expedients, ils sont tous convenus de ne point accepter la Bulle, & ainsi, voilà quatre-vingt-quatre voix pour ne point accepter la Constitution, contre quarante-quatre pour l'acceptation. Vous sçavez, M. que l'usage de nôtre Faculté, & de toutes les Compagnies est, que quand la pluralité tombe d'accord d'un chef de déliberation, quoi qu'il y ait differens avis pour les autres chefs, celui qui a passé à la pluralité des voix, demeure arrêté & passe pour l'avis de la

Compagnie: Quatre-vingt-quatre voix contre quarante-quatre l'emportent presque du double. Il doit donc demeurer pour constant que la Constitution n'a point été acceptée par la Faculté, & que si on l'a enregistrée, ce n'a été que pour obéïr aux ordres du Roy.

L'avis de M. Leger, tel qu'il l'a prononcé, n'étoit en aucune maniere pour l'acceptation: cela est si vrai, que quand il fut appellé au Bureau, le sieur le Rouge qui avoit son dessein de dresser la Conclusion de la maniere qu'il l'a fabriquée, ajoûta, *cum summâ reverentiâ suscipiendam*, voyant bien que l'avis de M. Leger ne tendoit qu'à un simple enregistrement sans acceptation. Il est vrai, que M. Leger étant au Bureau laissa ajoûter ces mots, mais sans le consentement de ceux qui avoient été de son avis au tems de la déliberation, & dans toute une autre intention que celle du Syndic ; car il déclara dans le temps même au Bureau, & l'a déclaré depuis de vive voix, & par écrit, que par ces termes, *suscipiendam cum summa reverentia*, il n'entendoit point que la Faculté eut adopté les décisions de la Bulle ; mais seulement que par respect pour le Pape & pour le Roy, on devoit l'inscrire dans les Registres de la Faculté, & obliger les Bacheliers, suivant l'expression de Gerson, de ne point dogmatiser au contraire : *Ad non dogmatisandum in contrarium*.

Ce que vous dites, Monsieur, de la conscription de la conclusion, & de sa confirmation prétenduë dans l'Assemblée du 10. Mars, a déja été convaincu de faux dans le Procez verbal des Deputez sur l'affaire de M. le Rouge, & refuté dans le Memoire. On a des témoignages encore plus particuliers, que l'on produira en temps & lieu, que l'Assemblée où l'on fit cette prétenduë confirmation fut, comme on l'a dit, furtive, y ayant à peine 50. personnes & presque toutes du parti du Syndic, au lieu d'environ 200. qui ont coûtume de s'y trouver, & à peine cette Assemblée fut elle formée qu'il la congedia, sans laisser le temps de déliberer sur aucun article, pas même sur les dispenses qu'il accorda. Pour l'Assemblée du 4. Avril, vous me permettrez de vous dire; 1°. Que le Syndic avoit grand tort, d'empêcher qu'on y lût la Lettre du Pere Alexandre : Ce sçavant Religieux surpris d'apprendre que ledit sieur Syndic avoit par supercherie abusé d'un billet signé de lui, & avoit faussement avancé en pleine Assemblée, qu'il s'étoit retracté, explique dans sa lettre à la Faculté ses veritables sentimens, il les explique clairement, & l'équivoque que vous lui attribuez, ne convient point à un Docteur de son Ordre & de sa probité bien éloigné des maximes de ceux qui autorisent cette pratique. Cette Lettre est adressée à la Faculté, & fut presentée à l'Assemblée par M. d'Etoüilli qui tenoit la place de Doyen. Pourquoi veut-on empêcher qu'elle ne soit lûë? Il ne s'agit pas en ce cas là d'aucune chose, qu'il fût necessaire de communiquer au Syndic, & l'on a surpris la Religion du Roi, quand on s'est servi de ce pretexte pour faire exclure de la Faculté M. Garçon qui avoit lû cette Lettre. Je conviens avec vous, Monsieur, que suivant nos usages, on ne peut rien mettre en déliberation que le Doyen & le Syndic n'en ayent été avertis, mais vous devez aussi convenir avec moi, que tout Docteur est en droit d'écrire à la Faculté, qu'il est du droit commun que sa lettre soit lûë, sur tout quand elle a été communiquée, comme celle-ci au President de l'Assemblée, qui demande qu'elle ſoit lûë, & qu'on ne peut pas ſans une oppreſſion manifeſte empêcher qu'elle ne vienne à la connoiſſance de l'Aſſemblée. Ainſi ce qui s'eſt paſſé depuis pour l'excluſion de M. Garçon & de quelques autres Docteurs, ne peut être regardé, que comme l'ouvrage d'un homme, qui par de faux expoſez trompoit Sa Majeſté. 2°. Ce même homme a encore opprimé la liberté de ſon Corps en empêchant, que les remontrances des ſieurs Navarre, Boivin & Hullot, & celles de pluſieurs autres Docteurs qui demandoient, qu'on verifiât, ſi la prétenduë concluſion imprimée étoit conforme ou non à la verité des ſuffrages, ne fuſſent écoûtées. En verité, M. je ne ſçai pas de quel front vous avez oſé ſoûtenir de ſi mauvaiſes manœuvres, & comment vous avez avancé tant de choſes contraires à la verité dans un livre, que vous intitulez *Relation fidéle*.

Vous me permettrez de ne point entrer dans vôtre ſuite des Aſſemblées de Sorbonne en 1715. & 1716. vous n'y trouveriez pas vôtre compte, les concluſions, qui vous bleſſent, par leſquelles on a déclaré que le Decret prétendu du 5. Mars 1714. étoit nul, ont été faites non ſeulement à la pluralité, mais preſque à l'unanimité des voix. Ne vous aviſez pas de dire, comme vous avez fait, que c'eſt un parti ? Non, Monſieur, c'eſt la Faculté toute entiere, qui a prononcé avec une pleine & entiere liberté. Il n'y a point eu de ſollicitations, de menaces, ni de promeſſes, qui ayent engagé les Docteurs à être de cet avis; point d'ordres ſuperieurs, point de cabale, point de cris turbulens, point d'interruption, tout s'eſt paſſé tranquillement, chacun a opiné à ſon rang avec une entiere liberté, & l'on n'a vû dans ce temps-là aucun trouble ni diviſion dans la Faculté, que par quelques-uns des opposans. Heureuse si elle peut joüir long-temps de cette même liberté, sous les auspices de Monseigneur le Regent, & pendant le regne de Loüis XV. à qui Dieu donne de longues années : Sa Majesté instruite par Monseigneur le Regent des droits de la Faculté, des services qu'elle a rendus en tout temps à l'Etat, & de son attachement inviolable à la Religion & aux libertez de l'Eglise (comme son Altesse Royale nous a fait l'honneur de nous le témoigner,) conservera toûjours pour elle des sentimens d'estime, & lui accordera en toutes occasions sa protection, maintiendra sa liberté, & se servira d'un Corps si celebre & si utile à l'Eglise & à l'Etat. Quant au memoire du sieur Fessart pour les Docteurs opposans, inutilement l'avez-vous ajoûté à vôtre Relation, on y a répondu, & la cause est pendante au Parlement, à qui seul il appartient d'en juger. Je ne sçai pourquoi vous avez fait imprimer à la fin de vôtre ouvrage la Bulle *Unigenitus* déja imprimée tant de fois, si ce n'est afin d'autoriser vôtre impression par une permission de M. d'Argenson du 24. Mars 1714. pour l'impression de cette Bulle ; c'est peut-être un artifice de vôtre Libraire, mais le Public ne s'y est pas laissé tromper, & a bien connu par la datte de la permission qu'elle ne regardoit nullement vôtre relation. Ce n'est pas neanmoins là-dessus que je veux vous faire un procez, j'avouërai volontiers, que cela ne vous regarde point ; mais je suis fâché d'être obligé de vous dire que dans l'Assemblée du quatre Decembre dernier, & dans les suivantes M. nôtre Syndic a déferé en Faculté vôtre relation, & a demandé qu'il lui fût permis de l'accuser de fausseté, d'injures, & de calomnies : la Faculté d'une commune voix lui a accordé trois actes reïterez de son accusation, & a permis de vous citer au tribunal & jugement œconomique de la Faculté : je voudrois pour vôtre justification, que l'on pût en quelque maniere vous excuser ; mais, Monsieur, il n'est pas possible, & j'ay reçû un memoire si positif de ces faussetez, injures & calomnies, que je ne puis pas ne vous le point communiquer. Il m'a paru si vrai, que je crois que le seul parti que vous avez à prendre (d'autant plus que la Faculté a ordonné que l'on informeroit contre l'Auteur) est de vous retracter, & d'avoüer que vous avez composé cet ouvrage sur de mauvais memoires. Plaise à Dieu qu'il vous donne le courage de faire cette action de justice & d'humilité, & en lui rendant gloire, de le prier qu'il vous pardonne les calomnies & les injures que vous avez avancées contre vos

Confreres, & contre le Corps de la Faculté.

FAUSSETEZ.

I.

DE L'AVERTISSEMENT.

LE parti contraire ne manqueroit pas de publier quelque Relation toute tournée à son avantage.

La Faculté n'eſt point un parti; elle n'a donné au public aucune relation en ſon nom, ne prend aucun intereſt à celles qu'on a publiées, & en a même condamné une.

II.

Pag. 8. *Quand donc les Evêques de l'Aſſemblée ont expliqué dans leur ſçavante Inſtruction Paſtorale les propoſitions condamnées par la Conſtitution du Pape, jamais ils n'ont prétendu reſtreindre & limiter par ces explications l'acceptation, qu'ils ont fait de la Conſtitution du Pape.*

L'Inſtruction de l'Aſſemblée des quarante Evêques fait connoître la fauſſeté de cette allegation ; cette inſtruction eſt depuis un bout juſqu'à l'autre une explication du ſens des Propoſitions condamnées, dont on a reſtreint la condamnation à certains ſens particuliers qu'on leur donne, quelquefois éloignez de celui qui ſe preſente à l'eſprit. Independamment de l'acte même, qu'on demande à la plûpart des quarante Evêques, s'ils n'ont pas eu intention d'entendre ſeulement la condamnation des propoſitions, qui ſont dans la Bulle, dans le ſens, qu'ils ont exprimé dans leur inſtruction, il s'en trouvera pluſieurs, qui rendront témoignage à la verité, & diront que ç'a été le principal objet qu'ils ſe ſont propoſez dans leur Aſſemblée.

III.

Pag. 18. *On avoit eu ſoin d'aver-*

tir tous les Curez & Docteurs ,qui ſont aux environs de Paris, & pluſieurs autres, qui depuis très-longtemps n'avoient point aſſiſté à nos Aſſemblées.

Il n'eſt point vrai, que perſonne eut pris ſoin de les avertir. Il eſt faux qu'entre ceux, qui ſe ſont le plus déclarez contre l'acceptation de la Bulle, il y eut pluſieurs de ces Docteurs Curez aux environs de Paris, qui depuis longtemps n'avoient point aſſiſté à nos Aſſemblées. La liſte des opinans fait foi du contraire.

IV.

P. 30. L'Auteur après avoir rapporté l'avis de M. Chaudiere, le premier opinant contre l'acceptation, dit. *C'eſt ici la premiere époque du tumulte. On voit aſſez qui en furent les auteurs.*

Si l'avis de M. Chaudiere fut ſuivi de quelque tumulte, ce tumulte fut excité par ceux, à qui cet avis déplaiſoit, & non par ceux qui avoient deſſein de le ſuivre. Il eſt aiſé par là & par la ſuite de juger, qui ont été les veritables auteurs du trouble

V.

Pag. 32. *Ce Docteur* (M. Chaudiere) *conclut à ce que la Bulle ne fût enregiſtrée qu'avec des explications, c'eſt-là une pure fauſſeté, dit l'Auteur.*

Monſieur Chaudiere conclut au ſimple enregiſtrement ſans acceptation, & ne fut empêché de dire librement ſon avis, que par les clameurs & menaces de ceux, qui ne pouvoient pas ſouffrir, qu'on dît le moindre mot contre l'acceptation de la Bulle.

VI.

Pag. 33. *La copie du plumitif que j'ai devant les yeux, en écrivant ceci, porte que M. Chaudiere fut de l'avis de M. Humbelot.*

Que ne le repreſentez-vous ce plumitif

plumitif demandé tant de fois, & que M. le Rouge dit avoir brûlé : Que n'en donnez-vous une copie figurée, comme les Docteurs opposans à nos dernieres conclusions, se sont donnez la peine d'en faire imprimer de ceux de ces conclusions ?

VII.

Pag. 38. *Pour peu*, dit l'Auteur, en parlant de M. Habert, *qu'il eut reflechi, il se seroit apperçû que consentant comme il faisoit à l'enregistrement de la Bulle, il tomboit dans la peine de suspense qu'il avoit voulu éviter.*

On ne tombe point dans la peine de suspense, quand on suit les termes & l'intention du Juge qui a porté la suspense. M. Le Cardinal de Noailles ordonnoit de ne point recevoir la Bulle sans son consentement, & se reservoit de la faire recevoir après les explications reçûës, c'est l'avis de M. Habert.

VIII.

Ibid. *Cet enregiſtrement fait par autorité de la Faculté, eſt un de ces actes de Juriſdiction, que le Mandement de Monſeigneur le Cardinal de Noailles défend.*

La Faculté ne peut faire aucun acte de juriſdiction ; ſi elle eut accepté la Conſtitution, ce n'auroit pas été un acte de juriſdiction, mais de ſimple police à l'égard de ſes membres ſeulement.

IX.

Pag. 39. En rapportant l'avis de M. du Mas : *Il rejetta*, dit l'Auteur, *la clauſe que M. Habert avoit miſe à l'enregiſtrement, comme injurieuſe au Pape, illuſoire, & pleine de contradiction.*

La clauſe apposée par M. Habert ; ſçavoir d'inſcrire la Bulle, & que cependant elle ne ſervit point de regle de foi ni de diſcipline, juſqu'à ce qu'on eut reçû les explications demandées au Pape , n'eſt point injurieuſe à Sa Sainteté, puiſque c'eſt à elle qu'on s'adreſſe pour être éclairci ſur ſes déciſions : elle n'eſt point injurieuſe aux Evêques, qui ont accepté cette Bulle, puiſqu'ils ont jugé eux-mêmes qu'elle avoit beſoin d'explications, & eſt conforme à la demande que les autres Evêques ont fait au Pape : elle n'eſt point illuſoire, car eſt-ce faire illuſion que de dire, je ſouffre des difficultez ſur l'intelligence d'un acte, j'en demande l'explication, & je ſurſeois à le recevoir juſqu'à ce qu'on m'ait donné l'inſtruction que je demande? elle ne renferme point de contradiction, puiſque l'enregiſtrement, particulierement fait avec la clauſe énoncée par M. Habert, ne peut point paſſer pour une acceptation preſente de l. Bulle, & qu'il n'y a point de contradiction entre enregiſtrer un acte pour obéir au Roy, & ne pas accepter.

X.

Ibid. p. 39. *Que si les Evêques avoient donné des explications dans leur sçavante Instruction Pastorale, ce n'étoit point par rapport à la Bulle prise en elle-même, qui étoit claire, ni par rapport à l'acceptation qu'ils en avoient faite, laquelle est absoluë & sans restriction; mais qu'ils avoient uniquement prétendu instruire le peuple & le prevenir contre les mauvaises interpretations des personnes mal intentionnées.*

Qu'on demande à la plûpart des Evêques qui étoient de l'Assemblée, ce qu'ils en ont pensé, ils diront le contraire. Si la Constitution du Pape étoit claire, si elle ne souffroit aucune difficulté, pourquoy être quatre mois à l'examiner, & pour la faire passer, lui donner pour compagne une Instruction Pastorale des Evêques? Les satyres & les calomnies dont l'Auteur parle, n'avoient pas encore paru : car le grand nombre d'écrits ſur ce ſujet n'a été fait, que depuis la déciſion de l'Aſſemblée des quarante. On attendoit ce terme fatal pour écrire.

XI.

Pag. 44. *Jamais ceux, que l'Auteur de la Relation appelle Evêques Sulpiciens, ne ſeront oppoſez à l'explication des propoſitions condamnées.*

Remarquez ce terme *d'explication*, il eſt donc vrai que l'Inſtruction Paſtorale a été faite pour ſervir d'explication à la Bulle. C'eſt un mauvais terme, & que l'on doit déſaprouver *les Evêques Sulpiciens*. Il n'eſt pas à préſumer que des Evêques, quoique ſortis du Seminaire de ſaint Sulpice, s'aſſujettiſſent à des ſentimens qu'on pourroit attribuer à ce Seminaire, où l'on enſeigne de très-bonnes maximes ſur la morale. Quant au fait, il eſt vrai qu'il y a eu de ces Evêques dans l'Aſſemblée des quarante à qui l'Inſtruction Paſtorale n'a pas plû.

XII.

Pag. 47. *Monſieur Hideux fut d'avis d'enregiſtrer la Conſtitution, & la Lettre de cachet du Roy.*

Il fut de l'avis de M. Habert ; Voici ſon avis, *Cenſeo litteras Regias inſcribendas in noſtris commentariis unà cum Conſtitutione, ſub iis conditionibus, quas appoſuerunt SS. MM. NN. Habert & du Queſne, qui ante me dixerunt.*

XIII.

Pag. 48. *Il eſt revenu au ſentiment de l'enregiſtrement pur & ſimple.*

Il revint au ſentiment de M. Leger pour l'enregiſtrement, mais il ne fut point pour l'acceptation & l'approbation, comme il le déclara nettement dans la ſeconde Aſſemblée, en diſant qu'il étoit de l'avis de M. Leger. En un mot on n'abandonnoit point le premier avis de M. Habert ſur le refus d'acceptation, en revenant à celui de M. Leger, ce que l'on ne faiſoit qu'à cauſe de la défenſe que le Roy avoit fait de mettre des modifications & des explications. Cet ordre précis contraignoit d'enregiſtrer la Bulle, mais on ne l'acceptoit pas pour cela.

XIV.

Pag. 53. *Monſieur le Rouge a dequoi ſe conſoler & ſe ſoûtenir dans ſa propre vertu, & dans la juſtice que lui rend le public.*

Monſieur le Rouge devroit gemir des prevarications qu'il a faites dans ſa charge de Syndic, & principalement de la maniere dont il a opprimé ſon Corps, & les mauvais traitemens qu'il a occaſionné à pluſieurs de ſes membres particuliers, auſſi le public lui fait-il là-deſſus la juſtice qu'il merite.

XV.

Pag. 102. L'Auteur convient que M. Leger en opinant n'avoit point prononcé ces paroles *suscipiendam cum reverentia. Mais qu'importe*, dit-il, *il les avoit sous-entenduës, puisqu'expliquant sa pensée, il les avoit écrites de sa propre main, & que ce fut sur cela que les Conscripteurs jugerent en verifiant les suffrages.*

Que de faussetez dans une seule periode: quand on opine, sous-entend-on quelque chose? ce qu'on sous-entendroit, & qu'on n'auroit point exprimé, pourroit-il passer pour l'avis de l'opinant? ce qu'il auroit ajoûté après coup seroit-il l'opinion de ceux qui ont suivi l'avis comme il l'a prononcé, sans pouvoir deviner ce sous-entendu. Les Conscripteurs qui recüeillent les suffrages, n'auroient-ils pas été des prévaricateurs, s'ils eussent jugé du suffrage de ceux qui avoient ſuivi l'avis de M. Leger, par ce qu'il avoit ajoûté ſans le leur communiquer. Il n'y a point de Tribunal au monde où l'on voulût que l'avis d'un Juge, ſuivi par la pluralité, pût être expliqué par un ſous-entendu ſecret de ce Juge, ou par une declaration poſterieure qu'il auroit faite differente de l'avis qu'il auroit prononcé. Il eſt faux que M. Leger ait écrit la concluſion ſur le plumitif. L'Auteur qui dit qu'il l'a ſous les yeux, en devroit être convaincu, & ne pas avancer cette fauſſeté.

XVI.

Pag. 116. *La clauſe* (par laquelle le Roi défend à tous les Privilegiez de ſe ſervir de leurs privileges & de leurs exemptions, & de faire ſous ce prétexte aucune fonction, ni acte de juriſdiction à l'égard de la Bulle) *ne ſçauroit regarder les Evêques qui réfuſent d'accepter, & de faire publier dans leurs Diocéses la Constitution du Pape.*

Le Roy a toûjours reconnu & maintenu le droit que les Evêques ont de juger des matieres de foi. C'est ce droit qu'il a autorisé par ses Lettres patentes, & le Parlement de Paris le leur a reservé en entier par son Arrest.

XVII.

Pag. 130. *Le P. Latenay a eu le courage de se declarer hautement pour l'acceptation pure & simple de la Bulle.*

Ce Pere a donné plusieurs fois un démenti formel à de pareils discours, notamment dans la lettre qu'il écrivit alors à Son Eminence M. le Cardinal de Noailles, & dans toutes les Assemblées de la Faculté, depuis le 1. Octobre 1715. où il a toûjours declaré qu'il n'avoit point accepté la Bulle.

XVIII.

Pag. 139. *M. Favart conclut pour l'acceptation.*

Il n'en parla point, & dit seulement qu'on pouvoit, pour obéïr au Roy, inscrire la Constitution dans nos Registres avec les deux Lettres de cachet. *Iteratas Regis litteras & Constitutionem quæ incipit* Unigenitus *in Commentariis nostris inscribi posse censeo.*

Il faut faire attention à ce *posse*, qui fit connoître deslors à tous les assistans qu'il n'étoit pas pour l'acceptation, & souleva contre lui ceux qui étoient de cet avis.

XIX.

Pag. 145. & 146. *Cet acte de jugement* (sur une Constitution Apostolique reçûë par les Evêques) *exige-t'il dans ces Docteurs une discussion préliminaire, & un examen critique de ces décisions ? suppose-t'il qu'ils ayent le droit & la liberté de les rejetter? la seule autorité des Juges legitimes n'est-elle pas un motif suffisant pour les obliger à se soûmettre sans reserve?*

On n'est obligé de se soûmettre sans examen qu'à une autorité infaillible; celle du Pape & d'un petit nombre d'Evêques ne l'est point. Jusqu'à ce que l'Eglise universelleait fait ou accepté une décision, les Docteurs non seulement peuvent, mais doivent l'examiner avant que de la recevoir.

XX.

Pag. 147. & 148. Parlant de M. Mencdrieux, *je ne trouve point son nom écrit sur le plumitif que j'ai devant les yeux.*

C'est ce plumitif que M. le Rouge, long-temps avant que la relation parut, a dit avoir brûlé. Si l'Auteur du libelle l'a, on le somme de le representer: mais comment le fera-t'il? comment peut-il l'avoir ? si M. le Rouge a dit vrai : n'est-ce pas donner un insigne démenti à ce Docteur, que l'on a une piece essentielle, & sur laquelle on fait fonds, qu'il dit avoir brûlé comme un papier inutile: *mentita est iniquitas sibi.* Notez que c'est du temps present que l'Auteur parle, *le plumitif que j'ai devant les yeux.* Son livre est écrit en 1716. long-tems après que l'on a demandé ce plumitif à M. le Rouge, puisqu'il parle des Docteurs opposans, & rapporte leur memoire.

XXI.

Pag. 148. *M. Thebert fut d'avis de recevoir la Bulle, avec les restrictions & modifications que Messieurs les Gens du Roy & le Parlement ont jugé necessaires. Et comme ces Messieurs*, dit-il, *ont mis des restrictions & des modifications, sans manquer à l'obéissance dûë au Roy, nous n'y manquerons pas non plus en les imitant. On representa à M. Thebert qu'il y a bien de la difference à faire entre une Cour Souveraine qui doit veiller sur l'interest public, & à la conservation des droits du Roy, & une Faculté de Theologie qui n'a point d'autorité pour cela.*

M. Thebert avoit raison de ne vouloir point qu'on reçût la Bulle sans les modifications que le Parlement avoit apposées par son Arrest aux Lettres Patentes. On ne le pouvoit pas faire autrement.

Il est faux que la Faculté n'ait point d'autorité pour conserver les droits du Roy & de l'Eglise Gallicane. Elle en a toûjours été le rempart, & a en toutes occasions empêché les entreprises de la Cour de Rome. Il faut être bien peu jaloux de la reputation du Corps, pour dire qu'elle n'est pas obligée de veiller à l'interest public & à la conservation des droits du Roy. Un Docteur bon François se garderoit bien d'avancer cette maxime.

XXII.

Pag, 149. *M. Brulé fut du sentiment de M. Humbelot.*

Fausseté sur laquelle M. Brulé donne un démenti au faiseur de relation. Le témoignage de ce sage Docteur est croïable, & soûtenu de celui de plusieurs autres Docteurs presens.

XXIII.

Pag. 162. & 163. *On ne peut dissimuler, que le sentiment de Messieurs Anquetil, Pinsonnat, de la Coste, Courcier & Gilbert, n'ait été fort équivoque, ils en changerent si souvent, qu'il est difficile de le bien fixer.*

Pure fausseté. Il est certain que ces cinq Docteurs ont été invariablement opposez à l'acceptation de la Bulle; cela n'est point équivoque; c'eſt leur ſentiment fixe & commun. Il eſt vrai, que Meſſieurs Pinſonnat & de la Coſte ont varié ſur l'enregiſtrement, & qu'y ayant d'abord conſenti par la crainte violente de déplaire au Roy, ils ont crû dans la ſuite, qu'ils ne le pourroient pas faire, ſans bleſſer leur conſcience; mais les trois autres n'ont point du tout varié, & n'ont parlé qu'une ſeule fois pendant tout le cours des deliberations. Voici en propres termes le ſentiment de M. Anquetil. *Idem ſentio cum SS. MM. NN. Lambert & Leger, id eſt, conſentio deſcriptioni Conſtitutionis in noſtris Commentariis una cum duabus Juſſionibus Regiis ex mero erga Regiam Majeſtatem obſequio, nulla prorſus habita deliberatione circa materiam Conſtitutioni ſubjectam, omnique interdictá libertate circa ipſam, ejuſque acceptationem deliberandi.* C'eſt l'interpretation qu'il donna au ſentiment de M. l'Abbé Lambert, qui voyant, qu'il n'y avoit plus de liberté dans les deliberations, n'avoit dit, en opinant, que ces deux mots, *obtemperandum, non deliberandum*, & étoit ſorti de l'Aſſemblée à cauſe des clameurs & inſultes de Meſſieurs le Rouge Syndic, Tourneli, & autres du même parti, qui n'étoient pas contens de ce laconiſme. M. Lambert aïant appris que le Sieur Anquetil avoit parlé de la ſorte, il lui témoigna qu'il avoit très-bien pris ſa penſée, & lui marqua ſa ſatiſfaction de l'avoir ainſi étenduë & expliquée.

XXIV.

Pag. 169. *M. Nau conclut comme M. Humbelot. C'eſt une fauſſeté inſigne de dire, comme on fait, dans la ſeconde relation, qu'il trouva l'avis de M. Leger plus juſte, & qu'il y adhera.*

M. Nau eſt vivant, & rendra compte de ſon avis; mais ce qui doit ſurprendre, c'eſt l'aveu ſincere que fait ici l'Auteur de la relation, que l'avis de M. Humbelot, & celui de M. Leger étoient differens. C'eſt la verité qu'il vouloit cacher qui paroît ici. *O violentia veritatis! quæ ſuos non in carne, ſed in corde torquet inimicos, ut eam confiteantur inviti.*

XXV.

Pag. 177. *M. Ourſel eſt*, dit-on, *revenu dans la ſuite au ſentiment de l'enregiſtrement pur & ſimple de la Conſtitution.*

Ce *dit-on*, eſt abſolument faux. Si c'eſt dans l'Aſſemblée qu'il y eſt revenu, pourquoy M. le Curé de S. Sulpice l'a-t'il exclus de ſa Communauté? Si l'on dit que c'eſt depuis, quelle preuve en a-t'on?

XXVI.

Pag. 180. *M. de Beyne changea d'avis sur le champ, & conclut à enregistrer la Bulle sans clause ni restriction.*

On ne peut mieux répondre à cet article qu'en disant : *mentiris impudentissimè.* Il a declaré dès lors, & declare encore qu'il n'a point changé de sentiment, & tous les Docteurs qui assisterent aux Assemblées en sont témoins.

XXVII.

Pag. 208. *M. Salmon adhera à l'avis de M. Humbelot.*

Cela est faux, il fut de l'avis de M. Leger : on en a la preuve non suspecte.

Ibid. *M. Mareüil Vicaire des SS. Innocens fut aussi de l'avis de M. le Syndic.*

Autre fausseté. Il fut aussi de l'avis de M. Leger, & declarera quand on voudra, qu'il ne l'a jamais pris pour une acceptation de la Bulle.

XXVIII.

Pag. 212. *Comme les partisans du Pere Quesnel virent par ce calcul leur cause perduë, ils se mirent à crier à pleine tête, que l'avis de M. Leger étoit superieur. Le contraire étoit évident par le plumitif; mais pour les calmer, on pria M. Leger de repeter son avis, & de dresser lui-même la conclusion: il le fit.*

Autant de faussetez que de paroles dans cet article. Les Docteurs non acceptans n'étoient point partisans du P. Quesnel, ils ne l'étoient que de la verité & de la justice, & aucun n'a dit le moindre mot pour la défense de ce Pere. Suivant tout calcul veritable ils étoient le plus grand nombre de beaucoup. Ils ne crierent jamais pendant tout le cours des deliberations à pleine tête, il n'y a eu que le Syndic & son turbulent parti, qui a fait toûjours de semblables cris. Il étoit évident que l'avis de M. Leger étoit superieur. Le Syndic en étoit convaincu lui-même, c'est pourquoi il l'invita à venir au Bureau; mais il est faux qu'il l'aye prié de repeter son sentiment. Il avoit dessein d'en faire un trop mauvais usage pour lui faire une semblable priere. Il est encore très-faux que M. Leger ait dressé ni écrit la conclusion.

Quand j'ay dit que l'avis de M. Leger étoit superieur, voici comment il faut l'entendre. Il y a eu quatre avis au sujet de la Constitution. Le premier du Syndic & de ses partisans, qui enregistroient & recevoient purement & simment la Constitution. Le second de ceux qui la rejettoient absolument. Le troisiéme de ceux qui laissoient tout en suspens, ne voulans ny l'enregistrer, ny l'accepter, mais attendre les explications qu'on demandoit à Rome, & faire des remontrances au Roy. Le quatriéme de ceux, qui pour obéir aux jussions réïterées de Sa Majesté, consentoient à l'enregistrement sans acceptation. Ce dernier avis étoit celui de M. Leger, qui étoit superieur à chacun des autres separément, & non pas à tous ensemble Il étoit superieur à celui du Syndic, & en y ajoûtant le second & le troisiéme, qui étoient directement opposez à l'acceptation, qui est la seule chose dont il s'agit ici, il les surpassoit de la moitié à peu près ; c'est pourquoi le Syndic forma le dessein de l'unir au sien, voyant bien qu'il ne pouvoit consommer le mystere d'iniquité, qu'il avoit conçû, sans joindre cette fourberie aux violences dont il avoit usé dans tout le cours des deliberations. La chose étoit cependant embarrassante pour lui, &

ſon embarras parut, lorſque la déliberation ayant fini à onze heures, il voulut congedier l'Aſſemblée ſans conclure, quoiqu'il reſtât encore une demie heure. Cette conduite du Syndic excita un murmure de la part des Docteurs non acceptans, qui fut bientôt changé en groſſe tempête par les mouvemens & les cris horribles, mais ordinaires de ſes partiſans, ce qui fit croire à la plus grande partie des autres Docteurs, que la concluſion ne ſe feroit point ce jour là, & il y en eût plus des deux tiers, qui dans cette croïance s'en allerent. Alors le Syndic s'étant apperçû de cette retraite, crut que le moment étoit favorable à l'execution de ſes deſſeins pernicieux; il alla comme par condeſcendance au Bureau; un moment après il cria à haute voix que l'avis de M. Leger l'emportoit, & qu'il le prioit de venir au

Bureau, car autrement il n'auroit pas eu droit d'y aller, n'étant ny Syndic ny Conſcripteur. Ce fut là que M. Leger eut la complaiſance de lui laiſſer inſerer dans la concluſion *ſuſcipiendam cum reverentia*, ne faiſant pas aſſez d'attention aux ſuites, & ſe laiſſant perſuader qu'on l'entendroit au ſens de Gerſon, c'eſt-à-dire, *non eſſe dogmatiſandum in contrarium.* Le Syndic ayant ainſi réüſſi dans ſes deſſeins, ſe ſaiſit du plumitif, & le brûla, ſi on l'en croit, comme un papier inutile, mais dans la verité, afin qu'on ne pût reconnoître la difference des ſuffrages: & comme cette concluſion fut fabriquée, en l'abſence de plus des deux tiers des Docteurs qui s'en étoient allez, cela fit qu'à l'Aſſemblée extraordinaire du 10. du même mois, jour de ſa prétenduë confirmation, ces mêmes Docteurs, qui n'en étoient point avertis,

vertis, ne s'y trouverent point; il est constant qu'il ne s'y en trouva pas en tout plus de cinquante, qui étoient presque tous partisans du Syndic.

XXIX.

Ibid. L'Auteur rapporte la conclusion, qu'il suppose faussement avoir été dressée par M. Leger, avec cette clause, *Inscribendam esse conformiter ad annum* 1705.

C'est une insigne fausseté. Personne n'avoit parlé de cette clause dans le cours des deliberations, aussi n'étoit-elle pas dans la conclusion prononcée par le Doyen: le Syndic même & les opposans en conviennent dans leurs memoires. Cette imposture étoit reservée à ce dernier faiseur de relations.

XXX.

Pag. 213. & 214. *M. du Quesne fit quelque difficulté sur la clause* (conformiter ad annum 1705.)

prétendant qu'on n'avoit pas deliberé sur cela. Il fut sur le champ convaincu du contraire.... M. du Quesne se rendit, & M. l'Abbé de Broglio, Agent general du Clergé, qui vint dans ce moment rendre visite à M. le Doyen, en fut témoin.

Que de faussetez ? M. l'Abbé de Broglio voulant assister contre les regles à la conscription de la conclusion, s'étoit rendu chez M. le Doyen avant M. du Quesne, il n'en voulut point sortir, quelqu'instance que lui en fit M. le Doyen. M. du Quesne desapprouva non seulement la clause en question, que le Syndic avoit pour lors inserée dans la conclusion qu'il presenta au Doyen & aux Conscripteurs, mais la conclusion entiere, comme remplie de faussetez ; il ne fut point convaincu du contraire, & ne se rendit point, mais après s'être opposé à cette injuste manœuvre, il sortit de chez M. le Doyen avant M. l'Abbé de Broglio.

XXXI.

Pag. 224. *La Conclusion avoit été dressée sur le plumitif, selon la pluralité des voix, en presence des Conscripteurs, qui avoient eux-mêmes compté les suffrages : elle avoit été ensuite revûë & digerée par les mêmes Conscripteurs.*

Ce fait est convaincu de fausseté par les témoignages de Messieurs du Quesne & Hideux qui étoient au Bureau. Ils attestent que la pluralité des suffrages étoit pour ne point accepter, & le Syndic prononça tout haut que c'étoit l'avis de M. Leger qui avoit prévalu. M. de la Ruë ne s'est point mêlé de compter les suffrages, & convient que le plumitif ne fut point rapporté à l'Assemblée des Conscripteurs.

XXXII.

Pag. 235. *Les Partisans du P.*

Quesnel se trouvant un peu plus au large depuis la mort de Loüis XIV.

C'est ici où commence la relation des Assemblées depuis le 1. Octobre 1715. Comme ce que l'on rapporte s'est passé pendant le Syndicat de M. Ravechet, c'est principalement contre cette relation qu'il a formé son action en accusation de faux, d'injure, & de calomnie. Ces trois cas se trouvent réünis dans les termes, par lesquels l'Auteur du Libelle débute, *Les Partisans du P. Quesnel.* Fausseté, injure, calomnie contre tout le Corps de la Faculté. On en a veu presque tous les membres animez contre la prétenduë acceptation. Est-ce pour l'interêt du P. Quesnel, ou de son Livre? ils n'y prenoient aucune part. Ainsi fausseté. Des Docteurs ne doivent être partisans que de la verité; c'est donc une injure de les nommer partisans d'un homme qui n'eſt connu de preſqu'aucun d'eux, que de reputation. C'eſt une calomnie de dire, que c'eſt l'eſprit de parti, qui les a fait agir.

XXXIII.

Pag. 257. *M. le Regent défendit qu'on parlât davantage de cette affaire.* Sçavoir du Syndicat de M. le Rouge.

S. A. R. n'a jamais fait aucunes défenſes à la Faculté d'en parler, mais témoigna ſouhaiter qu'on ne fit point le rapport du procés verbal. On ſe conforma à ſes intentions, & on ne l'a rapporté que quand il en a donné permiſſion, en le rendant à ceux qui par ſon ordre lui avoient mis entre les mains.

XXXIV.

Ibid. *Le Syndic harangua longtemps.*

Le remerciement du Syndic ne fut pas long; mais comme il y avoit quantité d'affaires importantes, ausquelles les partisans du precedent Syndic avoient donné occasion en 1714. il fut obligé de s'étendre sur ce sujet.

XXXV.

Ibid. *Il s'étendit beaucoup sur les loüanges des éxilez.*

Il felicita la Faculté de leur retour. Il rendit justice à leur merite, mais en peu de mots. En qualité de Syndic, il ne pouvoit pas ne point paroître sensible à la joye que tout le Corps avoit, de ce que son Altesse Royale avoit accordé aux exilez la liberté de revenir, & à ceux qui avoient été exclus des Assemblées, celle d'y rentrer. Cette partie du discours du Syndic fut très-courte, il s'étendit sur la Religion du feu Roy, il fit l'éloge de la clemence & de la valeur de S.A.R. Il exhorta fortement tous les Docteurs à profiter de la liberté renduë au Corps pour défendre unanimement la Religion contre les Heretiques, les libertez de l'Eglise Gallicane, la Morale Chrétienne, & la Discipline de l'Eglise.

XXXVI.

Pag. 238. *Il invectiva contre ceux qui avoient contribué à faire éloigner les Docteurs. Il appella ces exilez des défenseurs de la verité. Il les qualifia d'hommes forts dans la Foy.*

Toutes faussetez. Il dit seulement qu'ils étoient des hommes de merite & de pieté, qui avoient parlé suivant les mouvemens de leur conscience, *quod bona fide censuissent.* Il ne dit rien sur la verité, ni sur la fausseté de leur avis, mais seulement sur leur candeur & leur bonne foy.

XXXVII.

Ibid. *Dans la conclusion qui fut prise ce jour-là, (le 4. Novembre) il est dit que la Faculté remer-*

cüe M. le Syndic de son discours élegant.

Il est vrai, que tous les Docteurs applaudirent à la harangue de M. le Syndic, sans en excepter même Messieurs Humbelot & Tourneli, qui lui en firent des complimens.

Mais le Syndic est trop modeste pour avoir parlé avec éloge de son discours dans la conclusion du 4. Novembre. Messieurs le Moine, Clavel & Leullier du nombre des opposans ont vû les Registres, & se sont pû convaincre par leurs propres yeux de la fausseté de ce qui est porté dans la relation.

XXXVIII.

Pag. 238. & 239.

Pourquoi oublier ici tant de circonstances, qui marquoient l'embarras d'un homme qui jouë un mauvais personnage ; sçavoir, que M. Humbelot, après avoir déferé le discours du Syndic, interpellé de mettre par écrit ses quatre chefs d'accusations sur le Bureau, & de les signer, n'en coucha d'abord que deux par écrit, sçavoir, ceux qui regardoient la memoire de Loüis XIV. & le Clergé de France; que M. Hideux Curé des SS. Innocens Conscripteur l'ayant sommé de declarer, s'il abandonnoit les deux autres concernant le Pape & M. le Regent, il revint au Bureau pour les ajoûter; que M. Leullier Curé de saint Loüis se leva de sa place, pour lui aller parler à l'oreille, que toute l'Assemblée en fut scandalisée, & que M. Boileau Doyen se crut obligé de se lever, & de separer M. Leullier d'avec M. Humbelot, pour empêcher qu'il ne lui suggerât (comme il avoit commencé) ses réponses.

XXXIX.

Pag. 241. & 242. *Vous avez*

traité (fait-on dire à M. Leullier) *les Docteurs exilez de défenseurs de la Foi Catholique, d'hommes forts dans la Foi, le Syndic n'osa le nier.*

Il est faux que le Syndic ne l'ait pas nié, & ne se soit pas expliqué sur le champ, de la maniere qu'il a été dit cy-dessus.

XL.

Pag. 242. *Le Syndic s'en tira fort mal.*

Il donna une réponse très-sage, dont les Docteurs, qui entendirent ce colloque, furent satisfaits, comme ils en peuvent encore rendre témoignage.

XLI.

Pag. 244. *Le Syndic demanda à l'Assemblée, si l'on vouloit continuer la déliberation, & sa demande fut incontinent suivie d'un cri tumultueux, que la déliberation continuë.*

L'usage est, que quoique le temps prescrit pour finir les Asſemblées ſoit onze heures & demie, on ne laiſſe pas de les proroger, quand la Compagnie le juge à propos. Cela s'eſt toûjours pratiqué, & même ſous le Syndicat des Sieurs Vivant, Quinot, & le Rouge, il n'eſt point neceſſaire en ce cas que chacun opine en particulier, il ſuffit que d'une commune voix on y conſente ſur la requiſition du Syndic. C'eſt à ce conſentement general, qu'il a plû à l'Auteur du Libelle de donner le titre de cri tumultueux. La même réponſe ſervira à la page 250. pour ce qui regarde l'Aſſemblée du 5. Decembre, où la continuation de la déliberation fut reglée ſur la requiſition du Syndic même par une déliberation en forme.

XLII.

Pag. 245. *Meſſieurs Hideux & du Queſne Conſcripteurs, ſans compter autrement les ſuffrages, ſuppo-*

ſerent que l'avis de M. l'Abbé d'Aſfeld paſſoit à la pluralité, & on ſe mit à dreſſer la concluſion, qui fut concluë en ces termes. Falſum eſſe quod prædictus Magiſter Humbelot dixit, Conſtitutionem, quæ incipit *Unigenitus* acceptatam fuiſſe una voce à ſacro ordine.

Il eſt certain, que l'avis qui avoit prévalu, qui fut celui de M. Bidal, bien plus ancien que M. l'Abbé d'Asfeld, étoit non ſeulement qu'elle n'avoit point été acceptée *una voce*, mais qu'elle n'avoit été en aucune maniere acceptée. M. Hideux & les autres anciens revinrent à cet avis, non, comme dit l'Auteur, ſur la fin de l'Aſſemblée, mais auſſi-tôt qu'il fut prononcé, & il fut ſuivi preſqu'unanimement. Ainſi on eut raiſon au Bureau, ſur la remontrance de M. Anquetil, de rayer ces mots *una voce.* La rature fut approuvée par le Doyen avant qu'il prononçât la conclusion, à laquelle ni lui ni le Syndic n'avoient eu aucune part, n'étant point au Bureau, mais les seuls Conscripteurs, qui verifierent la chose sur le plumitif, & le Doyen prononça cette conclusion telle qu'elle devoit être suivant l'avis de la pluralité; elle fut generalement approuvée, & ensuite confirmée dans l'Assemblée suivante indiquée au cinquiéme Decembre, où Messieurs Humbelot & Clavel s'y étant opposez, leurs oppositions y furent declarées nulles d'un consentement presqu'unanime.

XLIII.

Pag. 251. *M. Leullier Curé de saint Loüis releva avec force & solidité les nullitez & les abus de ces conclusions.*

Toute la force de M. Leullier fut de parler long-temps sans rien prouver. On eut la patience de lui laisser dire tout ce qu'il voulut, il repeta cent fois les mêmes choses, & il ennuïa très-fort l'Assemblée.

XLIV.

Pag. 251. & 252. Tout ce qui est dit ici du démenti, qu'on suppose que M. Retard donna au Syndic, est faux.

Ce Docteur ne fit que dire par trois fois *retracto*. M. Leullier avoit déja donné un exemple de ces retractations, en desavoüant ce qu'il avoit dit, qu'il y avoit en Faculté un grand nombre de Jansenistes partisans du P. Quesnel. Il avoit fait une retractation publique de cette calomnie qui lui étoit échappée, & declaré qu'il ne connoissoit aucun Docteur que l'on pût soupçonner d'être Janseniste.

XLV.

Pag. 252. *Dans l'Assemblée du 2. Janvier M. Leullier representa,*

& montra que les deux conclusions, que l'on vouloit soûtenir, avoient été faites sans liberté & sans maturité contre toutes les regles.

Il est vrai, qu'il avança cette fausseté, mais il s'en dédit aussitôt.

XLVI.

Pag. 256. & 257. Ce qui est dit de l'ordre du Roy, pour l'impression du prétendu Decret sur l'acceptation de la Constitution *Unigenitus*, qu'elle avoit été faite au vû & au sçû de la Faculté & suivant les intentions du feu Roy, est faux. Elle a été faite sans l'aveu & le consentement de la Faculté, contre les ordres du Roy, portez dans la lettre de M. de Pontchartrain, que le Syndic n'a jamais voulu representer.

XLVII.

Pag. 258. *La Bulle est aujourd'hui connuë par tout, tous les Prelats du monde Chrétien y adherent.*

C'eſt un fait convaincu de faux dans pluſieurs écrits : le contraire a été declaré par les Arreſts de pluſieurs Parlemens : il eſt encore à preſent en doute ſi elle ſera reçûë, ou de quelle maniere elle ſera reçûë en France.

XLVIII.

Pag. 261. *Le Syndic ne lut qu'en partie la lettre de M. le Regent, qui défendoit à la Faculté de parler de la Conſtitution.*

Fauſſeté, il la lut toute entiere quand il en fut requis, & qu'il fut tems de le faire.

XLIX.

Pag. 264. *Dans la concluſion l'article des oppoſitions ſur leſquelles il avoit été dit que les Deputez devoient conſulter le Prince, fut omis.*

Cet article fut omis, parce que M. Leullier ſe deſiſta de ſon oppoſition, & declara qu'il ne la vouloit point pourſuivre.

L.

Ibid. *Quand les Deputez de la Faculté allerent saluer M. le Regent, il leur témoigna son mécontentement de leur conduite & leur declara, qu'il ne vouloit point qu'ils traitassent desormais de la Constitution.*

Son A. R. ne leur témoigna point qu'elle fut mécontente de leur conduite ; elle leur recommanda seulement d'entretenir la paix, & de surseoir à parler davantage de la Constitution, dans l'esperance qu'elle avoit de faire bien-tôt l'accommodement, toutes choses demeurant cependant en état.

LI.

Pag. 269. *On a découvert depuis par le plumitif, que cette conclusion avoit été portée contre l'avis du plus grand nombre.*

Ce fait a été convaincu de faux dans le memoire contre les Docteurs opposans, & la conclusion a été maintenuë par Arrest du Parlement, qui a en même temps confirmé le droit qu'a la Faculté, & que l'Auteur attaque, de juger de ce qui regarde sa discipline & de ses membres. Tous les moyens, que l'Auteur allegue ici contre cette conclusion, ont été portez au Parlement, qui n'y a eu aucun égard.

LII.

Pag. 271. *Il est verifié par les Registres, que la conclusion du 2. Decembre a été falsifiée.*

Le contraire a été prouvé ci-dessus.

LIII.

Pag. 272. *Lorsque la Faculté a conclu, qu'elle n'avoit point reçû la Constitution, ou elle a prétendu dire que la pluralité des voix n'avoit pas effectivement été pour la recevoir.*

C'est ce qu'on prétend, & qui est démontré.

LIV.

Ibid. *Si c'étoit dans ce ſens que la concluſion ſe dût entendre, la Faculté ne ſeroit point excuſable d'avoir prononcé ſur un fait pareil ſans examen, & d'avoir admis pour témoins une foule de Docteurs qui n'avoient pû l'être, n'ayant point aſſiſté aux Aſſemblées du Decret de 1714.*

La Faculté n'a point prononcé ſur ce fait ſans l'avoir examiné. De 128. Docteurs, qui ont opiné dans les Aſſemblées du 1. 3. & 5. Mars 1714. elle a reconnu ſans peine, qu'il y en a 84. qui n'ont point été pour l'acceptation. C'eſt ſans contredit la pluralité, ce qui ſuffit. S'il y a quelques autres Docteurs, qui ſans avoir aſſiſté à ces Aſſemblées, ayent declaré dans celles de 1715. que la Conſtitution n'avoit pas été acceptée par la Faculté, ce ſont des témoins non neceſſaires, qui ont rendu ce témoignage à cause de la notorieté du fait, & aussi parce qu'ils ont été bien aises d'assurer le public, qu'ils ne l'avoient pas acceptée eux-mêmes en particulier, & encore qu'ils ne l'acceptoient pas. D'ailleurs le nombre de ces témoins surnumeraires n'est pas si grand que l'Auteur du libelle le voudroit faire croire; & il devroit d'autant moins faire ce reproche, qui ne fait rien au sujet, que parmi les 22. opposans il y en a pareillement, qui n'ont pas opiné dans les Assemblées de 1714. & qui même n'y ont pas été presens.

LV.

Ibid. *Si la Faculté a voulu dire seulement que l'acceptation qu'elle a faite de la Bulle est nulle, faute d'avoir la liberté dopiner, &c.*

La Faculté peut le dire, s'il est vrai, comme il est constant, qu'elle n'ait pas eu la liberté de deliberer. Une acceptation doit être faite avec connoissance, & suppose la liberté d'accepter ou de rejetter ; s'il n'y a point eu de liberté, il n'y a point eu d'acceptation.

LVI.

Ibid. *En avoüant, comme elle fait aujourd'hui ; qu'elle n'a point reçû cette Bulle, n'avouë-t'elle pas qu'elle s'est crüe en liberté de la rejetter?*

Faux raisonnement. La Faculté declare qu'elle ne l'a point acceptée, & qu'elle n'étoit pas libre dans le temps qu'on lui en demandoit l'acceptation. Que ce soit par la fausseté de la conclusion, ou par le défaut de liberté, il s'ensuit toûjours, qu'il n'y a point eu d'acceptation ; car si la pluralité des suffrages a été contre l'acceptation, c'est une fausse conclusion, s'il n'y a point eu de liberté, son Decret ne peut passer pour une acceptation.

INJURES.

I.

Pag. 4. L'Auteur parlant des Docteurs, à qui les Auteurs des relations donnent des loüanges, dit : *Nous nous estimerions bien à plaindre d'être loüez au prix qu'ils le sont.*

Ces Docteurs independamment des loüanges, qu'on leur donne dans les relations, les meritent, & si l'Auteur de la nouvelle relation avoit été de bonne foy, il en seroit convenu.

II.

Pag. 6. *Ce pretendu soulevement general* (contre la Bulle Unigenitus) *n'est que le cri du parti, qui se trouve pressé : c'est le sifflement du serpent, dont on écrase la tête ; c'est le rugissement du lion, qui est blessé à mort.*

Termes violens & injurieux

aux Evêques, & à plusieurs Compagnies celebres, qui n'ont point accepté la Bulle.

III.

Ibid. *On coupe l'ulcere au vif, & l'on arrache impitoyablement jusqu'aux moindres racines d'une erreur si tendrement cherie.*

Y a-t'il rien de plus seditieux que ce discours? Y a-t'il rien de plus injurieux aux Evêques & à la Faculté.

IV.

Pag. 8. *Il n'y a point de novateur, &c. il est donc certain que le Pape, en condamnant les propositions extraites du Livre des Reflexions morales, en a condamné le sens propre & naturel, qui se presente d'abord à l'esprit, & que ce sens ne peut être obscur & ambigu, si ce n'est à ceux qui cherchent un frivole pretexte pour se soustraire aux Censures Apostoliques.*

Les Prelats ont trouvé de l'ambiguité & de l'obscurité sur le sens, dans lequel on pouvoit condamner la plupart des propositions portées dans la Bulle : c'est pour cela que les quarante ont été quatre mois à deliberer, & ont donné leur Instruction Pastorale, afin de fixer ce sens. Les autres Evêques se sont crû obligez de demander des explications au Pape. Quelle injure ne fait-on pas aux uns & aux autres, en disant qu'ils n'ont fait ces difficultez, que pour chercher un pretexte frivole de se soustraire aux Censures Apostoliques.

V.

Pag. 18. & 19. *Il n'est pas necessaire de nommer ici les plus échauffez de ces Docteurs (qui portoient de banc en banc le Mandement de M. le Cardinal de Noailles) Les Docteurs qui étoient plus de sens rassis, se regardoient les uns les autres sans rien dire tant l'étonnement étoit grand.*

Il

Il étoit necessaire à l'Auteur pour son dessein de les nommer ; mais il lui étoit impossible de le faire, la chaleur des uns, & le sens rassis des autres sont de son invention. Il faut être de la derniere effronterie, pour accuser les premiers de chaleur, & donner aux autres un sens rassis dans ces Assemblées. Qui ne sçait quelles ont été les clameurs du Syndic, de MM. Tournely, Chenu, les deux Leullier, les deux le Moine, Henriau, & autres de ce parti, qui étouffoient la voix de leurs freres, les menaçoient & les chargeoient d'invectives, en criant : *adversatur Regi, Reus est Majestatis, rebelles, seditiosi, contemptores Regiæ Majestatis :* d'abord que quelqu'un ne parloit pas au gré de ces emportez, le Syndic crioit au Greffier, *scribe, adversatur Regi*. D'un autre côté M. Chenu, *Reus est Majestatis*. Son Latin étoit court, mais en revanche il le repetoit à tout moment, & il y ajoûta dans la suite par l'avis de quelque ami le mot de (*læsæ.*) Monsieur Tourneli avec sa voix de tonnerre, apostrophoit sans cesse ceux, qui n'acceptoient pas, en ces termes, *Rebelles, seditiosi, contemptores & irrisores Regiæ Majestatis.* Les autres se distinguoient par d'autres injures. On n'entendoit que menaces de Lettres de cachet. En un mot le trouble, la confusion, le tumulte & la violence, qui ont été dans ces Assemblées, ne venoient que de ceux, qui vouloient à quelque prix que ce fût faire accepter la Bulle, & opprimer pour cela la liberté de ceux, qui ne le vouloient pas.

VI.

Pag. 34. Parlant de Monsieur Habert. *On perd*, dit l'Auteur, *tout le fruit & tout le merite de ce qu'on peut avoir de vertu, quand on manque de docilité & de soumission pour les décisions & pour les ordres des puissances legitimes.*

Jamais Docteur n'a eu plus de soumission à l'autorité des puissances legitimes que M. Habert; il n'en à point manqué dans son avis, ni à l'égard du Pape, en voulant qu'on eût recours à lui, pour avoir des explications, ni à l'égard du Roy, qui n'avoit point encore défendu que l'on apportât des modifications ou des explications à la Bulle, & il avoit sincerement dans son cœur le desir de ne pas choquer, comme aussi il ne l'a pas fait, l'autorité de son Archevêque, que l'on ne peut pas ne point reconnoître pour une puissance legitime.

VII.

Ibid. *La Theologie que ce Docteur a donnée au public, & qui a été dénoncée aux Evêques de France.*

Par qui dénoncée, l'Auteur de

cette dénonciation s'eſt-il nommé, oſeroit-il le faire ? Il en avoit la liberté dans le temps.

VIII.

Ibid. *Et retirée d'un grand nombre de Seminaires, où elle s'étoit introduite, ne ſervira ſûrement pas à juſtifier la pureté de ſa foy.*

Ce grand nombre ſe reduit à très peu. La foy de M. Habert n'a pas beſoin de juſtification, & la Cenſure de l'Auteur rend la ſienne ſuſpecte.

IX.

Ibid. *L'avis, qu'il a ouvert en Faculté ſur la Conſtitution, n'eſt pas fort propre non plus à faire voir qu'il ait de la droiture & de la juſteſſe dans le diſcernement.*

Cet avis eſt une preuve évidente de ſa bonne Foy, & de l'amour qu'il avoit pour la paix, quoiqu'en diſent les faiſeurs de Relations.

X.

P. 38. *Quand on s'estime heureux*, dit l'Auteur, en parlant de M Habert, *de souffrir pour Jesus-Christ, on ne cherche pas de faux-fuyans pour se tirer d'affaire, on ne prend point de partis ambigus, on se déclare nettement pour ce qu'on croit être la verité.*

Quel faux-fuyant a donc pris M. Habert, ou plûtost avec quelle simplicité n'a-t-il pas opiné ? Il s'agissoit de sçavoir si on devoit enregistrer la Constitution *Unigenitus*, & s'y conformer dans les Ecoles de Theologie: il dit que pour obéir aux ordres du Roy, il faut l'enregistrer, à condition qu'elle ne sera point regardée comme regle de la doctrine, de la discipline & de la morale, que l'on n'ait reçû les explications demandées au Pape par plusieurs Evêques. Y a-t-il en cela de l'ambiguité ou de la dissimulation ?

XI.

P. 38. *Monſieur Habert étoit ſi peu ferme dans ſes avis, qu'il en changea trois fois dans la ſuite, & il paroît qu'il ne les meditoit pas beaucoup.*

Il n'a jamais changé d'avis & a toûjours perſiſté quant à ce qui regarde l'acceptation de la Bulle à ne la point recevoir, il a conſenti avec M. Leger à ſon enregiſtrement, ſans appoſition de modifications, à cauſe des ordres precis du Roy.

XII.

P. 39. *Monſieur Dumas, ſi connu par ſes ouvrages, rejetta la clauſe, que M. Habert avoit miſe à l'enregiſtrement de la Bulle, comme injurieuſe au Pape, comme illuſoire & pleine de contradiction.*

On n'envie point à M. Dumas la gloire & la reputation qu'il s'eſt acquiſe par ſes ouvrages, peut-être même que le public ne lui fait pas assez de justice là-dessus. Mais certainement sa censure de la clause de M. Habert est injuste. On ne fait point injure à un Legislateur de recourir à lui avec respect pour l'interpretation de sa loy, lors qu'on n'en conçoît pas le sens, ni l'accord avec d'autres loix inviolables. Tout le discours de M. Habert est sincere, & il faut ignorer ce que c'est que contradiction pour y en trouver.

XIII.

Pag. 59. En parlant de l'avis du Pere Alexandre. *Rien ne montre mieux quel est aujourd'hui l'esprit de seduction, que de voir un Docteur qui a quelque nom dans le monde, donner dans de telles contradictions, & en venir à ce point d'irreverence pour le saint Siege.*

Le Pere Alexandre n'a point donné dans des contradictions. Il a toûjours été ferme dans son veritable sentiment, quelque surprise qu'on lui ait voulu faire. Il a consenti à l'enregistrement de la Bulle, mais il n'a point été d'avis de l'accepter. Il n'y a en cela aucune contradiction.

XIV.

Pag. 66. Parlant de M. Braquet. *Les violentes maladies, dont il a été attaqué, ne lui permettent pas de faire un usage bien libre de son sçavoir.*

C'est insulter un sçavant Docteur, qui malgré ce qu'on en dit, a tout l'usage de la raison & très-libre.

XV.

Pag. 72. *Monsieur Grasset est un de ces Docteurs, dont on devine à coup sûr l'avis.*

Pag. 73. Il est dit de Monsieur des Moulins, que *son discours peu suivi marquoit l'agitation de son esprit, son emportement contre la Bulle, & une extrême prévention.*

Injures contre des Docteurs

d'une probité & d'une érudition connuë.

XVI.

Pag. 96. Parlant de M. Lambert. *On vit par là, qu'il n'étoit pas au fonds assez ennemi de l'équivoque, pour n'y recourir pas dans le besoin.*

Son avis n'étoit point équivoque: *Obtemperandum, non déliberandum*; Il faut obéir & ne point déliberer. Cela est clair à quiconque veut l'entendre, & marque sans détour l'oppression de la liberté. Le Syndic & tous ceux qui étoient pour l'acceptation de la Bulle, comprirent bien que c'étoit ne la pas accepter, l'Auteur de la Relation l'avouë; & le tumulte, qu'ils exciterent dans l'Assemblée contre ce Docteur, qui l'obligea de sortir, en est une preuve.

XVII.

Ibid. *Le Roy étant mort, le Docteur fit une espece d'amende ho-*

norable dans l'Assemblée du 5. Decembre 1715. & il demanda pardon à Dieu & à la Faculté de ne s'être pas expliqué plus nettement, & d'avoir biaisé lorsqu'il étoit question de recevoir la Bulle.

Monsieur Lambert ne s'accusa pas d'avoir biaisé d'une maniere équivoque, mais seulement de ne s'être pas assez expliqué. Sa déclaration fut regardée par toute l'Assemblée comme un effet de son humilité, & lui a fait beaucoup d'honneur dans le monde.

XVIII.

Ibid. *Voilà de nos braves qui sont intrepides, lorsqu'il n'y a plus rien à craindre.*

Monsieur Lambert ne passera jamais pour un faux brave, quand il s'agira de défendre la verité, il a donné assez de preuves de sa fermeté. Que resulte-t-il de l'injure, que l'Auteur fait à M. Lambert, sinon un aveu qu'il avoit à craindre en opinant suivant sa conscience ? Il n'y avoit donc point de liberté.

XIX.

Pag. 161. Parlant de Monsieur Witasse. *Le ton triste & douloureux qu'il prit en parlant, excitoit la compassion de la Compagnie, & on plaignoit l'égarement d'un homme, qui passe d'ailleurs pour avoir du merite.*

Termes injurieux & méprisans. Ce Docteur étoit estimé de tout le monde, & il le meritoit. Le parti fut fâché de ce qu'il parloit si juste & si nettement pour la verité. Les gens de bien eurent effectivement compassion de lui, à cause de la persecution qu'ils prevoyoient, que la liberté avec laquelle il s'exprimoit, lui susciteroit. Ils craignoient pour lui ce qui est arrivé.

XX.

Pag. 229. *C'étoit toujours la même inquietude qui agitoit ces Messieurs, on étoit ſurpris de leur hardieſſe.*

Quoi pour demander que les choſes ſe paſſaſſent dans les regles, & que la concluſion ne fut point publiée ſans que la Faculté l'eut ordonné, on fera paſſer des Docteurs de merite pour des hommes hardis & inquiets, pendant qu'ils ne ſuivent que les ordres du Roy?

XXI.

Ibid. *Cependant le ſieur Hullot ſe leva, & lut un Papier dans lequel il proteſtoit contre la concluſion, ce qu'il n'avoit pû faire de vive voix, diſoit-il, étant abſent des Aſſemblées pour cauſe d'infirmité : on mit l'écrit ſur le Bureau, il n'en fut plus parlé. Si pour rendre une concluſion nulle il n'étoit queſtion que de trouver un homme ſans conſequence, qui s'opposât après coup aux choſes déterminées, finiroit-on jamais aucune affaire?*

Que ne mettoit-on en déliberation l'oppoſition de M. Hullot? pourquoi l'*appeller un homme ſans consequence* ? C'est une injure que l'on affecte de lui faire. Il est Prêtre, il est Docteur, il a des intentions droites, il sçait beaucoup, on ne peut dire que ce soit un *homme sans consequence*, que pour lui faire insulte, cela ne demande-t-il pas une reparation ?

XXII.

P. 239. *Monsieur Ravechet Syndic nia hardiment avoir dit ce que Monsieur Humbelot lui attribuoit.*

Peut-on trouver à redire qu'on nie hardiment des faits calomnieux ? C'est faire une grande injure à un Docteur, à un Prêtre, à tout homme de probité qui est en place, de l'accuser d'avoir dit ce qu'il n'a ni dit, ni dû dire. M. Humbelot qui avoit avancé cette calomnie, fut désavoüé par presque tous les Docteurs qui avoient entendu le discours de Monsieur le Syndic. Messieurs Vivant &

Tournelí n'oserent pas soûtenir ouvertement les accusations intentées par M. Humbelot, ils dirent seulement qu'il y avoit eu quelques endroits dans la harangue du Syndic, qui leur avoient fait quelque peine, & que l'on pouvoit mal interpreter; mais que puisque M. le Syndic s'étoit expliqué, il ne falloit plus parler de cette affaire; cet avis fut suivi par les personnes sages favorables à M. Humbelot, qui prevoyoient bien que la Faculté iroit plus loin.

XXIII.

Pag. 243. *Monsieur Du Pin s'avança vers M. Humbelot, en lui montrant le poing, pour l'empêcher de passer outre & d'aller au Bureau.*

Ce fait est absolument faux, & M. Du Pin en donnera le démenti à quiconque osera l'avancer. Au commencement de l'Assemblée il s'échauffa un peu contre M. Humbelot, & lui dit en face, que si ce qu'il avoit avancé étoit vrai, il falloit faire le procez au Syndic; mais que s'il étoit faux, lui Humbelot étoit un insigne calomniateur : cette alternative est une regle certaine du droit naturel & civil dans le cas dont il s'agit. M. Du Pin en opinant à son rang & sans être sorti de sa place, dit seulement, suivant ce même principe, qu'il n'étoit pas juste que la Faculté offensée en la personne de son Syndic, se contentât d'une simple revocation du sieur Humbelot, mais qu'il falloit qu'elle lui ordonnât de faire une reparation convenable des calomnies qu'il avoit avancées. Ce fut l'avis commun.

XXIV.

Ibid. *Monsieur Boileau n'avoit garde non plus d'être pour la voye de la pacification.*

Personne n'étoit plus pacifique que ce Docteur dans le fait dont il s'agit, tenant la place de Doyen, il étoit de son devoir de faire continuer la deliberation.

XXV.

Pag. 245. *Nos Assemblées sont un peu ambulantes, & on ne s'y astraint point à certaines regles gênantes, telles qu'on les observe dans les Assemblées de la plûpart des autres Corps.*

Un Docteur peut-il ainsi parler de nos Assemblées, où tout se passe avec tranquillité & maturité, quand il n'y a point de broüillons; comme il n'y en a plus, graces à Dieu, qui troublent le repos du Corps.

XXVI.

Ib. *M. Hideux jettant alors les yeux sur ce qui restoit de nos Maîtres dans la Salle, jugea le moment favorable, & s'écria, je reviens au sentiment de nôtre Maître d'Asfeld, ce fut là comme le mot du guet pour mettre tout son monde en mouvement, & l'on n'enten-*

dit dans l'Assemblée que des idem.

L'Auteur suppose faussement que plusieurs Docteurs s'étoient retirez. M. Hideux revint, suivant qu'il est permis dans toutes les Compagnies, non à l'avis de M. d'Asfeld, mais à celui de M. Bidal. Ce ne fut point après que l'Abbé d'Asfeld eut parlé, ni vers la fin de l'Assemblée, mais au commencement. Il n'avoit conferé là dessus avec personne, étant au Bureau au milieu de la Salle, comment peut-on dire que c'étoit le mot du guet, puisqu'il n'avoit été communiqué à personne? Les anciens revinrent à cet avis aussi-tôt, & il fut depuis suivi presque unanimement par ceux qui opinerent ensuite.

CALOMNIES.

I.

Pag. 15. *Ce Mandement de Monseigneur le Cardinal de Noailles, fut comme la Pomme de discorde, jettée au milieu des Docteurs.*

Mensonge, calomnie, indépendamment de ce Mandement, presque tous les Docteurs étoient d'avis de ne point recevoir la Constitution ; il n'y auroit presque pas eu là-dessus de partage, si l'on ne s'étoit servi d'ordres Superieurs, & de violence pour forcer à la recevoir. Quoiqu'il en soit, le Mandement de Monseigneur le Cardinal de Noailles, qui n'étoit point fait pour le Corps de la Faculté, comme l'Auteur l'avouë, ne pouvoit être suivant son intention une Pomme de discorde. C'est une calomnie de regarder de cette maniere ce

Mandement, & d'accuser les Docteurs de s'en être servis pour semer la discorde dans la Faculté.

II.

Pag. 88. *A quoi tendent donc ces plaintes si souvent réiterées de défaut de liberté dans les suffrages des Docteurs, si ce n'est à rendre la conduite du Roy odieuse, à secoüer le joug de toute autorité, à inspirer la sédition & la révolte? Veut-on depoüiller le Roy du titre glorieux de Protecteur de l'Eglise? Veut-on lui lier les mains, & lui ôter le moyen d'en faire executer les décisions? Fera-t-on gloire de mettre sa liberté dans la désobéissance?*

C'est une étrange calomnie de dire que les Docteurs, qui ont fait difficulté de recevoir la Constitution *Unigenitus* sans explication, ayent été rebelles aux ordres du Roy, qu'ils ayent voulu inspirer la sédition & la révolte, ils étoient si éloignez d'avoir cette intention, qu'ils vouloient qu'on s'adressât au Roy, pour prier Sa Majesté d'avoir égard à leurs très-humbles remontrances. L'avis d'un très-grand nombre fut de faire ces remontrances, & de surseoir l'enregistrement, & il ne fut fait que pour obéir aux ordres réiterez de Sa Majesté ; mais sans acceptation de la Constitution. Le Roy a le titre glorieux de Protecteur de l'Eglise, tous les bons François le reconnoissent : mais ce titre ne lui donne pas le droit de faire recevoir une Constitution, que l'Eglise n'a point approuvée ; Sa Majesté n'a jamais prétendu faire des décisions en matiere de Foy, & l'on n'a point désobéi à ses ordres en opinant, qu'on ne reçût la Bulle qu'après avoir eu des explications demandées au Pape.

III.

Pag. 102. *Il est vrai que ce Docteur* (Monsieur Leger) *par une molle complaisance dit ensuite dans une Assemblée du mois de Mars 1716. qu'il avoit écrit ces mots* suscipiendam cum reverentiâ, *pour le bien de la paix ; mais qu'il ne les avoit point prononcez quand il opina.*

Un témoignage rendu à une verité publique ne peut point passer pour une molle complaisance, c'est calomnier un Docteur aussi digne de foi que l'est M. Leger, que de l'accuser sans preuves de trahir la verité par une molle complaisance. Il nie, comme il a été dit, qu'il ait écrit la conclusion sur le plumitif.

IV.

Pag. 121 & 122. *Outre que c'est rappeller l'idée de tous les mysteres d'iniquité, que le faux Arnaud sçût dévoiler, combien actuellement de faux Arnauds dans le parti, c'est-à-dire, de ces gens qui signent tout sans rien croire, qui en matiere de*

Religion parlent d'une maniere & pensent de l'autre. Voilà des faux Arnauds bien autrement à craindre, que le faux Arnaud de Doüay. Celuy-cy ne trompa qu'une troupe d'Heretiques cachez, ceux-là trompent l'Eglise entiere.

Le faux Arnaud quel qu'il soit, est certainement l'Auteur d'un ouvrage d'iniquité. Il n'a rien dévoilé, mais trompé par ses mensonges grossiers & ses fourberies énormes de pauvres Flamans. Il n'y a eu aucun mystere d'iniquité que de sa part, & il n'y a eu que trop de simplicité de la part de ceux qu'il a trompez. Vouloir excuser ce faux Arnaud, c'est vouloir défendre un faussaire, atteint & convaincu de fausseté, & qui a lui-même avoüé son crime. Prendre de cette histoire occasion d'accuser plusieurs personnes d'être de faux Arnauds, de trahir leur conscience, c'est une calomnie atroce. L'Auteur de la Relation a en cet endroit si fort à cœur la justification du faux Arnaud, & de décharger M. Tourneli soupçonné d'avoir joüé ce personnage, que bien des gens pourront croire qu'il a eu quelque part à ce libelle. Le témoignage de feu M. de Reims allégué en sa faveur, ne le décharge pas de ce qu'on lui impute; *Ce Prélat*, dit-on, *a déclaré publiquement qu'il connoissoit le faux Arnaud, & qu'il n'étoit point M. Tourneli.* On le sçait bien, c'étoit le Pere Vaudripont Jesuite, contre lequel M. l'Evêque d'Arras avoit commencé de faire informer, & lui auroit fait faire son procès, s'il n'eut été arrêté par des ordres superieurs, & que ce Jesuite ne se fut retiré de son Diocese. M. de Reims, qui sçavoit le fait, a pû dire que ce Docteur n'étoit pas le faux Arnaud; mais il n'a pas ajoûté, qu'il n'étoit pas non plus celui, que l'on avoit présenté à Sa Majesté pour le faux Arnaud Il étoit bien persuadé que c'est lui, & ce Docteur en est convenu lui même. Sçavoir si cela s'est fait à son insçû, comme il le soûtient, ou de son consentement, j'en laisse le jugement à sa conscience.

V.

Pag. 138. *Messieurs Habert, Hideux & Navarre* revinrent au sentiment de M. Leger, preuve constante, dit-on, qu'ils ne consideroient pas non plus que M. Gilbert le sentiment de M. Leger comme renfermant l'acceptation de la Bulle. *Disons plûtôt, preuve constante de l'incertitude continuelle où ils étoient du parti qu'ils devoient prendre : Toujours prêts à changer, quand ils découvriroient quelque nouveau terme équivoque, sous le voile duquel ils pussent mieux se cacher.*

Ces Messieurs sont toûjours demeurez constans dans leur opinion,

nion, que l'on ne devoit point accepter la Constitution. Ils n'en ont jamais changé; s'ils sont revenus au sentiment de M. Leger, c'est qu'ils l'ont, comme dit l'Auteur, trouvé plus doux dans les termes, quoi qu'il fût le même. Où est l'équivoque? où est la mauvaise foi dont on les accuse? C'est encore une calomnie.

VI.

Pag. 152. Parlant de M. witasse: *Quoi un habile Professeur ne sçait quel parti prendre sur une Bulle, qui paroît renverser les plus solides fondemens de la Religion: Quelle lâcheté?*

C'est une calomnie d'accuser M. witasse de lâcheté, elle est démentie par son avis, & par sa conduite, il n'a point dit que la Bulle lui paroissoit renverser les plus solides fondemens de la Religion, il a seulement proposé avec modeſtie ſes difficultez ſur l'acceptation.

VII.

Pag. 179. & 180. Parlant du ſentiment de M. de Beyne : *Plus de vingt Docteurs, au nombre deſquels étoient Meſſieurs Habert, Bouret, Bigres, Bonnet, declarerent alors comme par acclamations, qu'ils embraſſoient un ſentiment ſi raiſonnable. Toute l'Aſſemblée*, dit-on, *s'ébranla & parut ſur le point d'embraſſer cet avis. Mais M. le Syndic arrêta ce mouvement, qui ne tendoit qu'à rompre tumultuairement l'Aſſemblée ; c'eſt tout ce que le parti contraire ſouhaitoit.*

Non ſeulement plus de 20. mais plus de trente Docteurs revinrent tout d'un coup à l'avis de M. de Beyne, qui conſiſtoit à faire des remontrances au Roy, & à lui demander la permiſſion de ſurſeoir l'enregiſtrement de la Bulle juſqu'à ce que l'on en eût reçû l'interpretation du Pape, & la plûpart de ceux, qui ne consentoient pas à la reception, ou peut-être tous auroient embrassé cet avis, si le Syndic usant de sa violence ordinaire, & mettant toute sa cabale en mouvement ne s'y étoit opposé d'un ton effrayant & en se servant de menaces, & n'avoit défendu au Greffier d'écrire leur sentiment, qu'il traitoit de séditieux. C'est une insigne calomnie de dire, que ces Docteurs étoient un parti, qui ne tendoit en revenant au sentiment de Monsieur de Beyne, qu'à rompre l'assemblée tumultuairement, eux qui ne pensoient qu'à la paix en se reünissant à un même avis.

VIII.

Pag. 235. *Les Partisans*, p. 237. *au gré du parti*, p. 249. *l'esprit de cabale*, p. 251. *les esprits du parti contraire étoient trop échauffez pour entendre raison.*

Les termes de *parti*, de *partisans*, de *cabale* sont une calomnie contre tout le Corps de l'Assemblée de la Faculté, dont les Docteurs ont presque tous été d'un même avis. M. Leullier Curé de saint Loüis, à qui il étoit échapé de dire dans l'Assemblée, qu'il y avoit un parti de Jansenistes dans la Faculté, se retracta honnêtement sur le champ & avoüa de bonne foi, qu'il n'y en avoit point.

IX.

Pag. 237. En parlant du discours de Monsieur Ravechet Syndic, *il compara*, dit l'Auteur, *ce Prince* (Loüis XIV.) *à Constantin seduit par les Evêques Ariens.*

Fausseté calomnieuse. Il le compara à Constantin quant à son zele pour la Religion, & aux intentions que l'un & l'autre avoient eu pour procurer la paix de l'Eglise. Mais il ne fit aucune comparaiſon des Evêques François de nôtre temps avec les Evêques Ariens, il ne nomma ni les uns ni les autres, & ne dit rien ni du Pape, ni de la Conſtitution. Loin de parler mal du Pape, il exhorta les Docteurs de demeurer attachez au S. Siege, & d'en défendre les veritables droits.

X.

Pag. 240. *Le ſieur Navarre ne prétend pas apparemment que ces Docteurs exilez n'ayent pas reſiſté aux ordres réïterez du feu Roy, ainſi c'eſt ſeulement le terme de rebelles qu'il veut faire retracter à M. Humbelot, & non pas ce que le terme ſignifie.*

Juſqu'à quand abuſera-t-on du nom du feu Roi ? ſi on a eu la hardieſſe d'en abuſer de ſon vivant, au moins ne devroit-on pas le faire encore après ſa mort. Il eſt certain que Sa Majeſté n'a jamais eu intention de rien faire contre la justice, ni au-delà de son pouvoir, & il est encore certain qu'il n'auroit rien fait de semblable s'il avoit agi par son propre mouvement, & avec connoissance de cause. Il n'eut pas voulu obliger des Docteurs d'opiner contre leur conscience. Traiter de rebelles ceux, qui avec tout le respect & l'attachement possible pour Sa Majesté demandoient, qu'on lui addressât de très-humbles remontrances pour lui faire connoître la verité, est une atroce calomnie faite par M. Humbelot aux Docteurs, qui n'ont pas été de son avis. L'Auteur de la relation, l'ayant repetée & chargée, est encore plus coupable, que le sieur Humbelot.

XI.

Pag. 243. *La paix n'est point certainement ce que cherchoit le gros de l'Assemblée.*

Peut-on croire que dans une Assemblée composée de personnes

aussi éclairées, aussi sages, que le sont les Docteurs de la Faculté de Théologie de Paris, le gros de l'Assemblée, c'est-à-dire, presque tous ceux qui la composent, soient ennemis de la paix ? Le dire principalement quand on est du Corps & qu'on sçait la verité, n'est-ce pas une calomnie, qui merite reparation ?

XII.

Pag. 248. *Le Syndic obligea Messieurs Humbelot & Clavel de se retirer.*

Ce ne fut point Monsieur le Syndic, mais l'Assemblée entiere qui le demanda : quand le Syndic l'auroit fait, il se seroit en cela acquitté du devoir de sa charge : il est des regles non seulement de nôtre compagnie, mais encore de toute autre, que les opposans se retirent quand il s'agit de déliberer sur leurs oppositions.

XIII.

Pag. 249. *L'esprit de cabale & la*

violence, qu'on avoit senti dans la precedente Assemblée, avoit écarté de celle-cy un grand nombre de ceux, qui sont attachez à la bonne cause, & qui déseperoient de pouvoir resister à la force superieure, qui animoit la Faculté.

Il n'y a eu ni cabale, ni violence, ni autorité superieure pour écarter aucun Docteur des Assemblées du 2. 5. & 16. Decembre 1715. ni pour les empêcher d'opiner avec liberté. Le sieur Leullier Curé de saint Loüis, que l'on soupçonna d'avoir avancé cette proposition, se crût obligé de la désavoüer. L'Auteur s'est apparemment mépris en faisant des Assemblées de 1715. & 1716. un portrait, qui convient parfaitement à celles de 1714.

XIV.

Pag. 251. *Les esprits du parti contraire étoient trop échauffez pour entendre raison.*

XV.

Ibid. *On ne gardoit aucune mesure dans les Assemblées.*

Ces deux accusations sont des calomnies insignes contre le Corps de la Faculté, qui dans ces Assemblées n'a témoigné aucune chaleur, & gardé toutes les mesures convenables, toute la soumission possible aux ordres de S.A.R. Monseigneur le Regent, & tous les égards que l'on devoit avoir pour le Pape & pour les Evêques.

XVI.

Ibid. *Le plus grand nombre des Docteurs qui sont veritablement soûmis à l'Eglise.*

Il s'ensuit de là que ceux qui n'ont pas été de leur avis ne sont point soûmis à l'Eglise : c'est une calomnie atroce qui merite une réparation.

XVII.

Pag. 253. *Monsieur le Syndic fit clairement entendre que c'étoit le feu*

Roy qui avoit fait violence à la Faculté, pour y faire recevoir la Constitution.

Jamais le Syndic n'a tenu de tels discours, & il est bien éloigné de ces sentimens ; persuadé que Sa Majesté n'a eu aucune intention de faire violence à la Faculté, quoi que ceux, qui abusoient à son inscû de son autorité, l'ayent fait si ouvertement, que personne n'en puisse disconvenir.

XVIII.

Pag. 254. & 255. *Monsieur Esnaud Curé de S. Jean en Greve* accusé par l'Auteur *de dérision sacrilege.*

Rien n'est plus innocent que ce que fit M. Esnaud en cette occasion, Monsieur Leullier grand Maître du College du Cardinal le Moine, & Monsieur Chenu ayant témoigné qu'ils avoient regret de ce qu'ils avoient fait au sujet des comptes de la Faculté, dans lesquels ils avoient écrit malgré les autres Députez, après que M. le Syndic fut ſorti, une apoſtille, par laquelle ils déclaroient qu'ils aloüoient au Receveur la ſomme portée dans ſes comptes pour l'impreſſion du prétendu decret de l'acceptation de la Bulle *Unigenitus*, que la Faculté avoit déclaré faux, M. Eſnaud en opinant ſuivit l'avis moderé, auquel étoit revenu M. du Pin, de ſe contenter de cette déclaration, & ne rien exiger d'eux davantage, & dit en conſequence qu'il leur donnoit l'abſolution de leur faute; mais il eſt faux, qu'il ait prononcé ces paroles, *qu'il les abſolvoit au nom du Pere, du Fils & du S. Eſprit*: c'eſt une calomnie inſigne de le dire: il n'eſt point vrai non plus, que ce Docteur fit le ſigne de la Croix en proferant ces paroles qu'il plaît à l'Auteur d'appeller ſacramentales. M. le Moine Chanoine de S. Benoît ayant voulu relever ce qu'avoit dit le Curé de saint Jean, servit de risée à toute la Compagnie, qui n'avoit rien trouvé dans le discours de ce Curé, qui approchât de la derision des choses saintes, que le sieur le Moine lui attribuoit.

XIX.

Pag. 262. *Cette Assemblée fut des plus tumultueuses.*

S'il y eut quelque tumulte, il fut excité par les Docteurs opposans. Depuis qu'ils ne viennent plus aux Assemblées de la Faculté, il n'y a aucune discorde ni trouble, tout s'y passe tranquillement.

XX.

Ibid. *Le Syndic dit qu'il avoit de la peine à concilier la lettre de M. le Regent avec la liberté accordée par ce Prince à la Faculté, ainsi qu'aux autres Corps du Royaume.*

C'eſt une ſuppoſition : Le Syndic ne dît rien de ſemblable, il refuta ſeulement avec vivacité les calomnies, que les Docteurs oppoſans avoient avancées contre lui, & parla en particulier contre le ſieur Tourneli.

XXI.

Pag. 265. & 266. *Cette declaration attira à M. Leullier beaucoup de duretez de la part du Syndic, qui le traita de perturbateur, & le menaça de le denoncer au Regent.*

M. le Syndic étoit ſorti de l'Aſſemblée quand M. Leullier inſiſta ſur ſon oppoſition, y étant revenu il remontra honnêtement à M. Leullier, que s'il ſuivoit cette oppoſition, il ſeroit déſobéïſſant aux ordres du Regent, & exciteroit de nouveaux troubles, ce qu'il dit dans la vûë d'empêcher, que pluſieurs perſonnes, qui avoient deſſein de parler contre la Conſtitution, & qu'il avoit retenuës jusques-là avec peine, ne prissent occasion de mettre l'affaire en déliberation à cause de l'opposition du sieur Leullier.

XXII.

Pag. 266. *Monsieur le Syndic dit beaucoup de duretez au sieur Leullier, le traita de perturbateur, & le menaça de le dénoncer à M. le Regent, s'il continuoit à faire de semblables oppositions.*

Il n'est point vrai que Monsieur le Syndic ait traité M. Leullier avec dureté, ni qu'il lui ait dit des injures, cela est bien éloigné de son caractere, il remontra seulement, que suivant les ordres qu'il avoit reçûs, on ne devoit plus parler en Faculté de cette affaire. Il étoit de l'interêt de M. Leullier, & de ceux de son parti, de ne pas soûtenir son opposition; car certainement elle auroit été déclarée nulle comme les precedentes, & l'on auroit peut-être été plus loin que l'on n'a fait au sujet de la Constitution, c'est ce que M. le Syndic empêcha sagement, pour suivre les ordres & les intentions de son Altesse Royale : L'accuser d'avoir prevariqué en cela, est une calomnie.

XXIII.

Pag. 267. *Monsieur Smith étoit un des opposans, & s'est desisté de son opposition.* Cela suffit à l'Auteur de la relation pour en parler d'une maniere indigne & calomnieuse, & pour lui imputer de n'avoir donné son désistement, que parce qu'on lui avoit refusé ses Messes à l'Eglise de saint Côme. *Le pauvre Irlandois*, dit l'Auteur, *frappé de cette déclaration, & consultant plus la faim & l'amitié qu'il a pour ses compatriotes, que ses veritables sentimens, prit le parti de revoquer sa signature, &c.*

L'Auteur devoit épargner un Docteur de ses amis, & ne devoit pas lui faire une telle insulte ni à lui, ni à toute sa nation; c'est une calomnie à cet égard; mais c'en est une autre bien plus grande, d'avoir avancé un fait très-faux, que pour se venger de ce qu'il avoit fait, on lui avoit déclaré *qu'on ne l'interdiroit pas seulement, mais encore ceux de sa nation.* N'est-ce pas d'ailleurs une insigne calomnie jointe à l'injure & au mépris, que de dire que ce Docteur en revoquant sa signature, a plus consulté *sa faim & l'amitié qu'il a pour ses compatriotes, que ses sentimens & sa conscience.*

XXIV.

Pag. 271. *Il est verifié par les Registres que la conclusion du 2. Decembre a esté falsifiée.*

Ibid. *La falsification est incontestable.*

Calomnie insigne, qui retombe non seulement sur les Conscripteurs & le Doyen, mais aussi sur toute la Faculté, qui a approuvé & confirmé cette conclusion à la pluralité de cent trente-huit voix, & avec unanimité. La comparaison que l'Auteur fait de la confirmation de cette conclusion du 2. Decembre 1716. avec celle de la pretenduë conclusion du 5. Mars 1714. est tout-à-fait déraisonnable. Celle dont nous parlons a été faite avec liberté, à la pluralité des suffrages prononcez hautement & avec unanimité. La pretenduë confirmation de la conclusion du 5. Mars 1714. fut faite furtivement; à peine 45. Docteurs assisterent à cette Assemblée, le Syndic ferma la bouche aux Docteurs & leva l'Assemblée avant que perſonne eut opiné même ſur des graces, que des Bacheliers avoient demandées, & que le Syndic avoit propoſées lui-même. Enfin la concluſion du 5. Mars 1714. eſt fauſſe, celle du 2. Decembre eſt veritable.

XXV.

Pag. 272. *La Faculté s'érige un Tribunal pour juger les jugemens du Pape & des Evêques, ce qui eſt monſtrueux.*

Rien n'eſt plus faux, ni plus mal entendu, que ce vain ſophiſme mille fois refuté. La Faculté n'a pas *jugé, & ne pretend pas juger les jugemens du Pape ni ceux des Evêques, en ſe mettant au-deſſus d'eux.* Voici ce qu'elle a fait. Elle a 1°. déclaré qu'elle n'a ni fait ni approuvé le prétendu decret du mois de Mars 1714. 2°. Elle a donné à entendre par ſa conduite, qu'elle ne croit pas pouvoir accepter la Constitution, du moins sans les explications demandées au Pape & approuvées par l'Eglise. 3°. Elle s'est plainte en toute occasion de la violence, qui a troublé ses Assemblées dans les mois de Mars, Avril, Mai 1714. & dans toutes les autres de la même année, & d'une partie de la suivante. 4°. Elle a reproché au Syndic dès lors ses prevarications. Tout cela est de sa competence ; ne peut-on pas se plaindre de la calomnie & du mensonge, de la violence, du renversement des statuts sans s'élever au-dessus du Pape & des Evêques?

La Faculté ne s'éleve point contre les jugemens du Pape & des Evêques, mais elle n'est pas toûjours obligée de les suivre, & quand elle donne son avis doctrinal sur les Bulles des Papes & les contestations, qui sont entre les

Evêques, elle a la liberté d'expliquer ſes ſentimens, & n'eſt pas obligée d'accepter aveuglement la déciſion du Pape & de quelques Evêques : C'eſt une Compagnie de Theologiens, qui doivent donner leur avis avec connoiſſance de cauſe, & après un mûr examen. Elle l'a donné utilement en pluſieurs occaſions, où les Papes & les Evêques étoient partagez, & ſon avis a toûjours été d'un grand poids. Vouloir la dépoüiller de ce droit, c'eſt vouloir la priver de la plus noble prérogative qu'elle ait eûë de tout temps.

Voilà, Monſieur, le Memoire, qui m'a été envoyé d'une partie des fauſſetez, injures & calomnies, qui ſont répanduës dans vôtre écrit, avec des reflexions d'un homme ſincere. Faites-en, croyez-moy, un bon uſage ; c'eſt ce que je ſouhaite de tout mon cœur, afin que nous nous voyons réünis tous ensemble pour soûtenir la verité avec charité. C'est dans cet esprit que je vous écris, Monsieur, en vous assurant que personne n'est plus que je le suis en JESUS-CHRIST.

MONSIEUR,

Vôtre très-humble & très-obéissant serviteur DU PIN, Docteur en Theologie de la Faculté de Paris.

EXTRAIT DES REGISTRES de la Faculté de Theologie de Paris.

Dans l'Assemblée generale ordinaire tenuë le 1. Decemb. 1716. M. Du Pin a dit à l'Assemblée qu'il avoit composé un Ouvrage contre le Libelle, qui a pour titre, Relation fidelle &c. *& qu'il souhaitoit qu'avant de le mettre sous presse, il fût revû par tels Docteurs , qu'il plairoit à la Faculté de choisir, & a prié l'Assemblée de les nommer. Sur cet article à la requisition du Syndic & en consequence de la proposition du Doyen, la Faculté a nommé Messieurs Hideux , Navarre, Leger & Anquetil, pour examiner l'ouvrage preparé par M. Du Pin contre ce Libelle.*

Dans l'Assemblée generale extraordinaire du 9. Decembre suivant, M. Navarre a rapporté, que ses Collegues & lui avoient lû la refutation de ce Libelle composée par M. Du Pin , & qu'ils l'avoient tous approuvée.

EX COMMENTARIIS SACRÆ Facultatis.

IN Comitiis generalibus ordinariis, quæ habita sunt die 1. Decemb. anno DD. 1716. significavit S. M. N. Du Pin à se opus elaboratum esse adversus, Libellum, cui titulus, *Relation fidelle*, *&c.* sibique in votis esse, ut antequam illud prælo mandetur, recenseatur ab aliquot Magistris, quos S. Facultas designaverit, rogavitque, ut designaret. Circa quem articulum, requirente D. Syndico & proponente DD. Decano, Sacra Facultas commisit SS. MM. NN. Hideux, Navarre, Leger & Anquetil examen operæ adversus Libellum illum paratæ à S. M. N. Du Pin.

In Comitiis autem generalibus extraordinem celebratis die 9. Decembris proximè sequente retulit S. M. N. Navarre à se & à Collegis lectam fuisse dictam Libelli confutationem, eamque omnibus probatam.

www.ingramcontent.com/pod-product-compliance
Ingram Content Group UK Ltd.
Pitfield, Milton Keynes, MK11 3LW, UK
UKHW020602180726
13838UKWH00001B/367

9 782019 916176